EL TIEMPO DE LAS REVOLUCIONES

DE 1820 A 1848

EDUARDO MONTAGUT

www.tiemporevoluciones.guiaburros.es

Diseño de cubierta: © Marta Villarín (EDITATUM)

Maquetación de interior: © EDITATUM

Primera edición: octubre de 2021

ISBN: 978-84-124535-1-5

Depósito Legal: M-28245-2021

IMPRESO EN ESPAÑA/ PRINTED IN SPAIN

Si después de leer este libro, lo ha considerado como útil e interesante, le agradeceríamos que hiciera sobre él una **reseña honesta en cualquier plataforma de opinión** y nos enviara un e-mail a **opiniones@guiaburros.es** para poder, desde la editorial, enviarle **como regalo otro libro de nuestra colección.**

Sobre el autor

Eduardo Montagut nació en Madrid en 1965, licenciándose en Historia Moderna y Contemporánea por la UAM en el año 1988, con premio extraordinario. En la misma Universidad alcanzaría el doctorado en 1996 con una tesis sobre "Los alguaciles de Casa y Corte en el Madrid del Antiguo Régimen, un estudio social del poder". Por otro lado, el autor emprende estudios de la época ilustrada a través de la Real Sociedad Económica Matritense y la Real Sociedad Bascongada de Amigos del País sobre cuestiones de enseñanza, agricultura, montes y plantíos. En 1996 comienza su carrera de docente en Educación Secundaria en la Comunidad de Madrid.

Con el nuevo siglo, Eduardo Montagut inicia una intensa actividad en medios digitales y escritos con publicaciones de divulgación e investigación históricas, política y de memoria histórica, siendo autor de libros como *Guíaburros: Del abrazo de Vergara al bando de guerra de Franco; Guíaburros: Episodios que cambiaron la Historia de España*, *GuíaBurros: La España del siglo XVIII* y *GuíaBurros: Historia del socialismo español*, así como impartiendo conferencias, y participando en charlas y debates.

Agradecimientos

A la memoria de mi abuela Carmen

índice

Introducción

Este libro pretende estudiar el intenso período protagonizado por las Revoluciones en Europa entre 1820 y 1848, clave para entender la historia posterior.

El liberalismo, pero también un naciente y pujante nacionalismo, fueron fuerzas poderosas que cuestionaron el sistema de la Restauración, un intento de recuperar el Antiguo Régimen —profundamente cuestionado por la Revolución Francesa y Napoleón— aunque con algunas concesiones a la nueva época. Por eso tenemos que dedicar un primer capítulo a entender las claves de este sistema pretendidamente restaurador.

Las Revoluciones parecieron fracasar, pero, en realidad, la Europa del final de la etapa que aquí tratamos, al menos la occidental, ya no sería la que se diseñó entre 1814 y 1815, aunque en la Europa oriental y central siguió imperando la autocracia o se basculó solo tímidamente hacia sistemas menos absolutos. En Occidente terminaron por asentarse los Estados liberales, en su versión más moderada, con matices entre unos países y otros, pactando la alta burguesía con algunos elementos del viejo orden con el fin de asentar un mínimo de conquistas y para frenar el avance de la democracia, así como el creciente malestar social, que, sobre todo, en 1848 se habían puesto de manifiesto en los procesos revolucionarios, como fue claramente evidente en Francia. Estaba naciendo el nuevo movimiento obrero, aunque se mantuvieron distintas formas de protesta social de signo preindustrial durante cierto tiempo. No debe olvidarse que 1848 es el año del *Manifiesto Comunista* de Marx y Engels.

Además, en paralelo a la creación de los Estados liberales se fortaleció el modelo de Estado-nación en Europa occidental, con las salvedades de Alemania e Italia, que tendrían que esperar todavía para conformarse como Estados unitarios, además de prefigurarse otros conflictos protagonizados por nacionalismos sin Estado, destacando el caso irlandés. Por su parte, en la Europa balcánica comenzaría, a partir del final de la época que aquí estudiamos, a generarse un intenso proceso de conflictos donde se ventilaron distintas hegemonías en la zona y se desarrollaron los deseos nacionalistas de distintos pueblos, y que culminaría en la Gran Guerra.

Por fin, era obligada una referencia al Romanticismo.

La Europa de la Restauración

Restaurar, volver a instaurar, fue el objetivo de las principales potencias europeas frente la dislocación del mundo que habían producido la Revolución Francesa y el Imperio Napoleónico. Se trataba de restaurar el orden político considerado legítimo, en la alianza del Altar y el Trono, y en una Europa en equilibrio.

La ideología de la Restauración

En la época de la Restauración se impuso un conjunto de ideas basado en los principios de la tradición, es decir, la historia, y la autoridad simbolizada y ejercida por la Monarquía con la Iglesia. Estos principios se enfrentaban a los que había introducido la Ilustración y desarrollado la Revolución francesa: el cambio, el triunfo de la voluntad humana, la libertad y la razón. En la Restauración estas ideas ilustradas y liberales eran consideradas como destructoras del orden social, al favorecer el individualismo y la competencia, así como del orden político representado por la alianza entre el Altar y el Trono.

La Monarquía absoluta fue restaurada en Europa, pero, en algunos lugares, como en la propia Francia, se buscó una especie de solución de compromiso entre el viejo orden y el nuevo, a través de lo que se conoce como el régimen de Carta Otorgada. La Monarquía fue restaurada en la persona de Luis XVIII, que concedió a sus súbditos una Carta Otorgada en 1814, es decir una Ley fundamental concedida por un monarca que, voluntariamente, limita sus poderes. No era, estrictamente, una Constitución porque no surgió de una asamblea más o menos representativa y era una concesión graciosa del titular de la soberanía, pero limitaba el poder de dicho titular.

Los tres principales teóricos de la Restauración fueron Joseph de Maistre, el vizconde de Bonald y Von Haller.

Joseph de Maistre fue un teórico político y servidor de la administración del Reino de Saboya que planteó en su obra *Consideraciones sobre Francia* (1797), escrita en Suiza al tener que exiliarse por la ocupación francesa de Saboya, una visión profundamente crítica de la Revolución Francesa. De Maistre partía de una concepción providencialista de la historia. Los hombres se encontraban ligados a Dios, pero a los que no sojuzgaba. Los hombres podían actuar libremente, aunque bajo la mano divina. Serían "libremente esclavos", es decir, que actuaban de forma voluntaria, pero sin poder perturbar los planes generales establecidos por Dios. Así pues, la Revolución Francesa sería un designio de la Providencia. No eran los hombres los que dirigían la Revolución, sino que ésta los dirigía y utilizaba por voluntad divina. El fin de la Providencia era castigar a Francia. Los franceses eran un pueblo elegido que tenía una misión que cumplir y al desviarse de ese camino había recaído la ira divina sobre el mismo. Pero sería la Ilustración la causa inmediata que había desencadenado la Revolución, ya que era, siempre según el autor, una filosofía subversiva, que había alejado al pueblo de la religión y contra las que el autor consideraba las "leyes fundamentales del Estado".

Pues bien, como hemos señalado, el castigo por el camino emprendido por los franceses era la Revolución. Dios empleaba, según De Maistre, "los instrumentos más viles", pero obraba así porque castigaba para regenerar. De esta forma Francia regresaría al orden con el retorno a la senda correcta de la religión y con la restauración de los Borbones.

Posteriormente, publicó *Sobre el Papa* (1819), obra en la que se establecía el papel del Papado en la lucha contra la supuesta decadencia histórica de la humanidad. Maistre defendía, pues, la vuelta al orden, a esa tan repetida alianza del Altar con el Trono.

Por su parte, Louis de Bonald pasó de aceptar la Revolución —fue reelegido alcalde de Millau en 1790 y formó parte de la Asamblea departamental— a ser un feroz crítico de la misma. El desencadenante de su cambio de postura fue el momento en el que se tomaron las medidas revolucionarias contra el clero francés. En 1791 dimite de su cargo y emigra a Heidelberg, donde se encontraba el ejército del príncipe de Condé. Allí escribe su primera obra, *Teoría del poder político religioso* (1796), donde pretende demostrar que el hombre no puede dar una constitución a la sociedad religiosa o política. Al año siguiente, regresó clandestinamente a Francia donde comenzó a colaborar en el *Mercure de France.* En 1800 publicó el *Ensayo analítico sobre las leyes naturales del orden social* y, al año siguiente, una obra donde condenaba el divorcio. Napoleón le ofreció reeditar su primera obra si retiraba el nombre del rey de la misma, pero Bonald se negó. La Restauración de los Borbones fue su mejor época. Fue nombrado caballero de San Luis, elegido diputado y consiguió que saliera adelante una ley que prohibía el divorcio. También fue miembro de la Academia Francesa. Bonald estaba, pues, claramente identificado con la época de la Restauración. Para el autor el poder era de origen divino y la Monarquía era anterior a la propia sociedad.

Por fin, el suizo Von Haller fue un intenso defensor de la más pura reacción política con duras expresiones acerca de la Revolución, al considerarla como una hidra, además de proclamar una verdadera guerra santa contra los liberales. A partir de 1816 publicó una obra en volúmenes, titulada, *Restauración de las ciencias del Estado.* Estos pensadores condensarían un pensamiento apegado a la época de la Restauración, aunque algunos de sus planteamientos pudieran informar a partir de entonces las posturas de las ideologías reaccionarias y tradicionalistas de los siglos XIX y XX.

Fuera del ámbito estricto de la Restauración estaría la figura de Edmund Burke, siendo uno de los primeros y más agudos críticos de la Revolución Francesa. La importancia de su pensamiento reside en que puso los cimientos del pensamiento conservador.

La Revolución Francesa se basó, como sabemos, en los principios ilustrados sobre la necesidad de la construcción racional de una sociedad, sustentada en el postulado de los derechos naturales. El privilegio, definidor de la sociedad del Antiguo Régimen, era considerado no sólo antinatural, sino, sobre todo, irracional. El papel que cada uno desempeñaba en la sociedad no se debía sustentar en la cuna, en el nacimiento o pertenencia a un estamento que por tradición tenía privilegios, sino en su contribución a la sociedad. La igualdad jurídica, ante la ley, era un derecho incuestionable y racional.

Pues bien, Burke combatió estas afirmaciones empleando argumentos, que luego han podido ser usados por los futuros conservadores. Los ilustrados y los revolucionarios franceses realizaban, realmente, en opinión de Burke, un ejercicio irracional porque estaban cuestionando el saber acumulado durante siglos, generación tras generación. Burke no dudaba de la necesidad de ciertas reformas paulatinas, pero lo que planteaba como irracional no era ese pasado que se quería destruir de un plumazo con la Revolución, sino, precisamente, ese intento que menospreciaba todo lo anterior.

Recordemos, en este sentido, que los revolucionarios franceses fueron los que bautizaron el sistema que querían destruir con la denominación de Antiguo Régimen, con un sentido crítico y peyorativo. Era viejo, era caduco, era irracional, insistimos, era injusto, y no cabían componendas con el mismo. Esa actitud y esa acción en Burke eran, en contraposición, insistimos, lo que hacía irracional a la Revolución, al cambio instantáneo y profundo. La Revolución era un medio hasta insensible con la historia, con el acervo acumulado.

La violencia desencadenada, el Terror, la guillotina y hasta la esencia del propio régimen de Napoleón hicieron que Burke comenzara a tener éxito en determinados sectores políticos y de opinión, pero, sobre todo, en el futuro, ya que iba más allá de la defensa de los privilegios estamentales, del poder de la Monarquía y de su alianza con la Iglesia, es decir, se hacía más atemporal. El conservadurismo que terminaría conformándose después necesitaba superar lo concreto o coyuntural para recoger fundamentos que pudieran ser aplicados en cada momento. El conservadurismo se convirtió en una opción política, ideológica y hasta una manera de entender la vida, que defendía el mantenimiento, con algunas actualizaciones, de las estructuras políticas, económicas y sociales acumuladas en el tiempo, y que se enfrentaba a las opciones, ideologías y concepciones de la vida que han combatido y combaten la defensa de la tradición por el simple hecho de serlo. Burke habría tenido, por lo tanto, más éxito en conformar el conservadurismo que las opciones contrarrevolucionarias de De Bonald, de Maistre, o de los defensores de la Restauración como Metternich, por ser poco populares, por centrarse demasiado en devolver el poder a las Monarquías, y en su alianza con el Altar.

La Paz de París de 1814

A finales de marzo de 1814 las tropas rusas y prusianas entraron en la capital francesa, y el 30 de mayo se firmaba la conocida como primera Paz de París.

El principal problema de las potencias vencedoras pasaba por decidir quién ocuparía el trono francés. En principio, había varias alternativas. En primer lugar, estaba la defendida por Metternich, que pasaba por una Regencia de María Luisa o del propio Napoleón, pero con abdicación en el hijo de ambos, el rey de Roma. No cabe duda de que Metternich abogaba por un monarca de origen austriaco. Pero en esta postura se encontraba solo. Otra opción que circuló entre los aliados era la de Bernadotte, el antiguo mariscal de Napoleón y ahora rey de Suecia, como llegó a pensar el zar Alejandro I, aunque tampoco era completamente contrario a la solución austriaca. Pero pesó más la postura británica de devolución del trono a los Borbones, aunque no despertaran ningún entusiasmo en el zar. Así pues, Luis XVIII fue coronado rey de Francia, y Napoleón pasaría a la isla de Elba.

La Paz estableció que Francia debía regresar a las fronteras de 1792, aunque con Saboya, Avignon, una zona en el valle del Mosa y del sur del lago de Ginebra. Estas concesiones territoriales, junto con la no exigencia de indemnizaciones económicas, supusieron un verdadero ejercicio de generosidad hacia el país derrotado. Puede interpretarse por el hecho de que las potencias vencedoras solamente quisieran hacer responsable a Napoleón de lo que había ocurrido y no a Francia, y/o para evitar el desarrollo del revanchismo en el país, facilitando el reinado de Luis XVIII. Eso sí, por si acaso, se decidió fortalecer una especie de barrera en las fronteras de Francia para evitar veleidades expansionistas futuras. En primer lugar, Holanda ganó territorios, Austria se quedaría con zonas italianas del Norte, se garantizó la independencia de Suiza, y se estableció la libertad de navegación por el Rin. Pero, al calor de los acontecimientos que se iban a desarrollar inmediatamente, el mapa de Europa variaría de nuevo en esta zona por la segunda Paz de París, además de abordarse cuestiones de gran calado en otras áreas.

El Congreso de Viena y la Paz de París de 1815

El Congreso de Viena se abrió el 18 de septiembre de 1814, impulsado por el príncipe de Metternich, con el fin de replantear el mapa de Europa, y buscar el equilibrio de poder en el continente. Allí destacaron, además del ministro austriaco, el zar Alejandro I, el ministro francés Tayllerand, superviviente de tantas situaciones, y el británico vizconde de Castlereagh, aunque hubo representantes de muchos más Estados, pero sin el poder de decisión de los nombrados, además de Prusia. Por su parte, España estuvo también representada, pero sin ningún peso y no consiguió ninguno de sus propósitos, dada su debilidad.

El Congreso se desarrolló de una manera peculiar, sin grandes reuniones plenarias. La diplomacia funcionó más en fiestas, banquetes, cenas de galas, bailes y recepciones, para después concretarse los asuntos en reuniones de pequeños grupos.

Las deliberaciones se interrumpieron de forma abrupta cuando Napoleón volvió a irrumpir con su regreso a Francia, inaugurando su Imperio de los Cien Días.

Al final, el Congreso se cerró el 9 de junio de 1815. La Batalla de Waterloo tuvo lugar el 18 de ese mismo mes de junio, con la derrota total de Napoleón.

La nueva situación internacional obligó a una segunda Paz de París, firmada el 20 de noviembre de 1815, y que estableció unas condiciones mucho más duras para Francia. En primer lugar, esta vez sí se impuso una indemnización de guerra, cifrada en 700 millones de francos, además de que Francia tendría que devolver los tesoros artísticos que sus tropas habían sustraído de algunas naciones. En este sentido, debemos recordar el saqueo producido en España, aunque no se devolvieron todas las obras, como la famosa Inmaculada Soult. Territorialmente, Francia perdía el Sarre, que pasaría a Prusia. Además, el país tiene que aceptar la presencia de un potente ejército durante un plazo de tres años.

Las Alianzas y los principios rectores

En 1815 se firmaron dos importantes alianzas que marcarían la política internacional posterior. En primer lugar, el 26 de septiembre en París, las tres grandes potencias absolutistas, Rusia, Austria y Prusia sellaron una alianza para la defensa de los principios cristianos frente a los que se habían propagado por la Revolución francesa. Los monarcas se comprometieron a tratar los problemas internacionales y a intervenir donde se cuestionase la legitimidad monárquica y el absolutismo. Inglaterra se negó a firmar este acuerdo. Dos meses después, el 20 de noviembre de ese mismo año, en el mismo momento que se firmaba de la segunda Paz de París nacía la Cuádruple Alianza entre Rusia, Austria, Prusia e Inglaterra. Este tratado venía a ser una especie de pacto de seguridad contra Francia. Las potencias se obligaban a sostener a Luis XVIII, y a evitar una nueva guerra europea. Se estableció la necesidad de celebrar Congresos periódicos con el fin de llegar a acuerdos.

Se puede decir que mientras la Santa Alianza estableció los principios doctrinales de la época de la Restauración, los aspectos prácticos tendrían que ver con la Cuádruple Alianza y sus Congresos, donde, por otro lado, se terminarían por poner de manifiesto los conflictos entre las cuatro potencias, y después de la Francia incorporada al grupo, fundamentalmente porque el sistema unía a tres Estados abiertamente absolutistas (Rusia, Austria y Prusia) con otras dos que no lo eran realmente, uno por su parlamentarismo (Inglaterra), y el otro por su régimen mixto de Carta Otorgada (Francia).

Los Congresos de la Europa de la Restauración guiaron sus actuaciones siguiendo un conjunto de principios. El primero de ellos, del que derivaría el resto, tiene que ver con la idea de que los Estados debían estar regidos por sus reyes legítimos. El concepto de legitimidad es histórico, es decir, que cambia y ha cambiado en el transcurso del tiempo. En la Europa de la Restauración la legitimidad tenía que ver con la propia dinastía real, que debía ser la histórica, no aceptándose los cambios introducidos por Napoleón. Pero, sobre todo, un régimen era legítimo cuando esa Monarquía ejercía su poder de forma absoluta por derecho divino sin Constitución alguna que limitara sus prerrogativas. La soberanía nacional era un peligro a abortar. La Monarquía como estaba diseñada desde la Historia era considerada como garantía del orden interior e internacional.

En segundo lugar, se estableció, por vez primera, que las grandes potencias tenían una responsabilidad a la hora de mantener el orden internacional. Las fronteras de los Estados europeos debían establecerse respetando los derechos históricos de sus gobernantes, sin tener en cuenta los derechos de los pueblos. Se pretendía un equilibrio en el concierto europeo, intentando contener a las dos grandes potencias territoriales europeas —Francia y Rusia—, fortaleciendo a los países vecinos. Gran Bretaña estaba muy interesada en la aplicación de este principio, ya que no deseaba la existencia de ninguna potencia europea demasiado fuerte. Por su parte, Austria pretendía seguir ejerciendo influencia sobre los Estados alemanes y el norte de Italia. Conseguir ese equilibrio costó complicadas negociaciones, como tendremos oportunidad de comprobar en el capítulo dedicado al estudio del nuevo mapa europeo.

El orden debía, por fin, garantizarse en el interior de los Estados porque el desencadenamiento de una Revolución podía contagiarse con facilidad y alterar el orden internacional; de ahí que se formulase otro principio, el de la intervención.

Los conflictos entre las grandes potencias y las decisiones sobre la intervención en aquellos países en los que se desposeyera a los monarcas de sus prerrogativas debían estudiarse y tratarse en Congresos, como hemos apuntado anteriormente. Este principio abogaba por evitar, especialmente en relación con los problemas entre las principales potencias, que se desencadenasen guerras, habida cuenta de la experiencia previa de casi veinte años de conflictos. La idea de discutir en reuniones internacionales los conflictos tiene una importancia histórica evidente porque sentó un principio que posteriormente se desarrollaría, aunque bajo principios distintos.

El mapa europeo

Las principales potencias de la Restauración se pusieron a diseñar un mapa que evitara la posibilidad de que un Estado, como había sido el napoleónico, intentara establecer su hegemonía sobre el continente europeo. Para ello, había que crear o redefinir los Estados para que tuvieran más peso, es decir, con más territorio y población, procurando disminuir la existencia de entidades estatales muy pequeñas que no pudieran ser freno a las tentativas expansionistas. En esa línea había crear, además, una especie de barrera con Estados-tapones con el fin de disuadir cualquier tentativa expansionista francesa. Es evidente, que este sistema no tuvo en cuenta los intereses de los distintos pueblos, generando un claro fortalecimiento de los nacionalismos, como tendremos oportunidad de comprobar.

Rediseñar el mapa europeo no fue una tarea sencilla porque, estando de acuerdo con estas líneas expuestas, las grandes potencias tenían intereses concretos que colisionaban con cierta facilidad, especialmente en el centro-este europeo. Efectivamente, pronto surgió un conflicto en relación con Sajonia y Polonia. Metternich no podía aceptar que la primera pasara a manos de Prusia y la segunda a Rusia porque suponía un evidente engrandecimiento del poder de ambas potencias en detrimento de Austria. Las tensiones se dispararon hasta que se encontró una solución, que pasó por la división de Polonia entre las tres Monarquías, además de que Prusia solamente se haría con una parte de Sajonia. Era evidente que los intereses de los polacos no se tuvieron en cuenta.

En relación con el caso francés, se creó el reino de los Países Bajos, incorporando Bélgica a Holanda, generando con el tiempo un enorme descontento entre los belgas, con el fin de frenar el posible avance francés hacia el norte. Para contener a Francia por el centro de su frontera este,

Prusia se hizo con la orilla izquierda del Rin. Y al sureste se engrandeció el reino del Piamonte al incorporarse al mismo Saboya y la que había sido la República de Génova.

Los británicos, por su parte, intentaron que ninguna potencia tuviera más poder que otras en el continente, pero, sobre todo, confirmaron su potencia marítima incontestable. En el mar del Norte dominaban Hannover, ya que su soberano lo era también de este Estado, sin olvidar que poseían las islas Heligoland, que les había servido para combatir el bloqueo continental napoleónico. Por su parte, en el Mediterráneo contaban con una red de enclaves que permitían su dominio desde Gibraltar en su entrada occidental hasta Chipre y las islas Jónicas en el este, sin olvidar Malta en el centro.

Rusia, como hemos visto, se había hecho con una porción importante de Polonia, pero también se había adueñado de Finlandia. Los prusianos, además de su porción polaca, saltaban a Occidente, como hemos visto, poniendo las bases de su enorme potencial para la futura empresa unificadora alemana. Austria, siempre atenta al equilibrio según el pensamiento de su canciller, también obtuvo territorios, como Galitzia y el Tirol, además de asegurarse el control de Italia gracias a que incorporó todo el norte de la península con el Reino lombardo-véneto, y pasar a controlar los ducados de Parma, Módena y Toscana. Austria se convertiría en el principal enemigo de los nacionalistas italianos.

Aunque parece que los conflictos que surgirían a partir de entonces tenían que ver con Revoluciones liberales y/o nacionalistas, no cabe duda de que las tensiones entre las grandes potencias no desaparecieron. En realidad, se pueden definir dos espacios de confrontación, que terminarían por estallar después del período que aquí estudiamos. En primer lugar, estaría el espacio alemán donde ya comenzaría la rivalidad entre Austria y Prusia por su control, consiguiendo vencer la segunda con el futuro proyecto unificador de Bismarck. Pero el segundo espacio sería más complicado porque generaría una conflictividad a mucho más largo plazo e infinitamente más intensa. Estamos hablando de los Balcanes. Por ahora, ahí comenzaban a chocar los intereses austriacos con los rusos. La cuestión se complicaría con el debilitamiento del Imperio turco-otomano y el auge de los nacionalismos de la zona.

Los Congresos

El primer Congreso se celebró en Aquisgrán en 1818. En el mismo, las potencias vencedoras decidieron retirar el ejército de ocupación de Francia como acción previa para incorporarla al sistema, pasando la Cuádruple a ser la Quíntuple Alianza. Francia, además, refinanció la indemnización que tenía que pagar.

A continuación, tuvo lugar el Congreso de Troppau, en octubre de 1820. En el mismo se estableció un protocolo que lleva el nombre del Congreso, y que solamente firmaron Rusia, Austria y Prusia, y que se resume en que los Estados que hubieran sufrido un cambio de Gobierno debido a la Revolución, y como tal, fueran una amenaza para otros Estados dejarían de pertenecer a la Alianza Europea hasta que su situación no ofreciera garantías de estabilidad. Si la amenaza a otros Estados fuera real, entonces las potencias se unirían, y por vía pacífica o militar traerían de vuelta al Estado culpable al seno de la Alianza. El caso que se discutía tenía que ver con la posible intervención en Italia ante la Revolución de Nápoles, una cuestión sobre las que los británicos no estaban de acuerdo. Se dejó la decisión final para otra reunión.

Efectivamente, unos meses después, en enero de 1821 se abrió un nuevo Congreso, el de Laibach. El rey Fernando I pidió ayuda para que se restableciese su poder. Además, tenemos que tener en cuenta que Turín también se había levantado animado por el ejemplo napolitano. Austria intervino en Italia, en ambos reinos, para restablecer el absolutismo, pero el sistema comenzaba claramente a presentar problemas, tanto por la actitud rusa hacia la Revolución en Grecia como por la posición británica contraria a las intervenciones en los Estados.

Mientras tenían lugar estos acontecimientos, España vivía la etapa del Trienio Liberal, Portugal tenía su propio proceso liberal, y se reemprendía el movimiento emancipador en América. En este contexto se abrió el Congreso de Verona en octubre de 1822. La intervención en España no era un asunto fácil. Francia planteó su necesidad, especialmente para recuperar su prestigio internacional, atendiendo a la petición del rey Fernando VII. Pero la intervención francesa podía ser contemplada como un intento de controlar la península Ibérica, por lo que el zar Alejandro I propuso el establecimiento de una fuerza conjunta, una alternativa que tampoco gustaba porque nadie quería que las tropas rusas recorrieran media Europa para llegar a España. Por su parte, Gran Bretaña seguía siendo fiel a su política de no intervención. Al final, pesó la propuesta francesa porque Austria y Prusia, que no querían a los rusos por Europa, y deseaban la intervención, no contaban con muchos medios para formar parte de una fuerza conjunta. Por fin, los Cien Mil Hijos de San Luis, aunque fueron menos, entraron en España con el duque de Angulema al frente y liquidaron la experiencia liberal española.

Una vez restaurado el poder absoluto de Fernando VII el Gobierno español solicitó ayuda internacional para frenar el segundo empuje emancipador en América, mucho más fuerte que el anterior y que, con algunas excepciones, se había podido frenar después de la finalización de la Guerra de la Independencia. Pero Londres no quería que España restableciera su dominio y autoridad en las colonias porque le interesaba comerciar libremente con ellas. El poder inglés era tal que España se quedó sola a pesar del apoyo del zar ruso. El Congreso de San Petersburgo, celebrado entre 1824 y 1825, demostró que la Santa Alianza era más teórica que real. En todo caso, las potencias absolutistas, Rusia, Austria y Prusia, renovaron su unión con una especie de Segunda Santa Alianza, que permitió mantener parte del orden absolutista un tiempo más, hasta que las Revoluciones terminaron definitivamente con el mismo.

La situación de los Estados europeos

En este apartado realizaremos un repaso de la realidad interna de los principales Estados europeos en la época de la Restauración hasta el inicio de las oleadas revolucionarias.

En Rusia solamente se liberalizó muy tímidamente la situación en Polonia con el establecimiento de una Carta Otorgada en 1815 con un ejecutivo controlado desde San Petersburgo y con un virrey que era el hermano del zar. En el resto del Imperio la autocracia rusa se reforzó, persiguiéndose cualquier conato revolucionario o simplemente reformista. Prusia sí planteó algunas reformas, pero muy controladas. Ciertamente, se abolió la servidumbre hereditaria de los campesinos, se suprimieron los gremios y los monopolios señoriales, y se reorganizó la hacienda. En principio, aunque Prusia podía presentarse como el Estado menos fuerte de los que organizaron la época de la Restauración, en el Congreso de Viena consiguió territorios en el oeste y el este, que la convirtieron en una verdadera potencia alemana, especialmente en el norte, teniendo mucho que decir después del período que aquí estudiamos. Austria, gobernada por Metternich, era un Estado muy grande, pero complejo porque bajo la autoridad del emperador se agrupaba un mosaico de pueblos: alemanes, checos, eslovacos, italianos, polacos, húngaros y rumanos. Aunque se pudo mantener la unidad, combinando autoritarismo y habilidad, este factor de la diversidad siempre pesó, y más frente a una Prusia más cohesionada.

Como hemos visto, en el Congreso de Viena se creó la Confederación Alemana, que venía a suceder al Sacro Imperio Romano Germánico, incluyendo a treinta y nueve Estados, con Prusia y Austria, sin olvidar las ciudades-Estado, así como áreas no alemanas, mientras dejaba fuera otras zonas de habla alemana. Se creó una Dieta, con sede en Francfort y presidida por Austria, pero su labor fue un fracaso, porque no se pudo poner en marcha ni un ejército ni unas leyes de tipo constitucional comunes. En realidad, la Confederación terminó por ser un instrumento de las políticas prusianas y austriacas de signo autoritario. Tanto las tendencias liberales como las nacionalistas consideraban que era un verdadero obstáculo a derribar.

España terminó la Guerra de la Independencia con la esperanza de que el sistema político diseñado en las Cortes de Cádiz se pusiera en marcha, pero en aquella Europa y rearmados los poderosos sectores absolutistas internos, se frustraron los deseos contenidos en la Constitución de 1812, inaugurándose el denominado Sexenio Absolutista. El país, con Fernando VII recién restaurado con todas sus prerrogativas, transitó entre una profunda crisis económica, agravada por los movimientos independentistas americanos, y por una intensa política represiva contra liberales y afrancesados.

Gran Bretaña era una consolidada Monarquía Parlamentaria, con dos partidos, el *tory* y el *whig*, un modelo político alejado casi infinitamente de todos los demás, hasta de los menos absolutistas como el francés de Carta Otorgada. Esta particularidad hizo que los británicos no participaran en la Santa Alianza, pero también aprendieron cuestiones, derivadas de la época napoleónica e inmediatamente posterior. En primer lugar, les reafirmó en su tradicional política de dominio marítimo, pero también que no podían desentenderse de la situación continental europea, intentando evitar que surgiera un nuevo poder que rompiera el equilibrio, su gran apuesta en el Congreso de Viena, como bien defendió Castlereagh, aunque terminó desilusionándose por el marcado carácter autocrático en las intervenciones de las potencias absolutistas.

El régimen francés de la Carta Otorgada en Francia

El restablecimiento puro del absolutismo no fue tan fácil en todos los países europeos, especialmente en Francia, donde seguía muy presente el espíritu revolucionario, inaugurado en 1789. Por ello, se buscó un régimen político que fuera una especie de compromiso entre el pasado absolutismo y algunas premisas liberales sin caer tampoco en el sistema parlamentario británico. La solución fue el régimen de Carta Otorgada.

En el modelo político de Carta Otorgada el monarca se autolimita en sus funciones, pero sin renunciar a su soberanía. Esta autolimitación quedaba consagrada en una Carta Otorgada, no elaborada por una Asamblea más o menos representativa. Tampoco se establecía la división de poderes, por lo que no era estrictamente una Constitución por estas dos razones.

Luis XVIII aprobó la Carta en 1814. En este régimen se intentó combinar el poder real con una cierta participación ciudadana, aunque muy limitada. El rey tenía todas las prerrogativas del poder ejecutivo: nombraba a sus ministros, a los funcionarios, dirigía la diplomacia, establecía algunas disposiciones legales, sancionaba y promulgaba las leyes. Pero también nombraba a los miembros de la Cámara Alta, es decir la Cámara de los Pares, cuyos puestos eran vitalicios y hereditarios. Casi todos sus miembros tenían un origen nobiliario. La Cámara de los Diputados era elegida por un sufragio muy censitario. Se calcula que la mitad de sus integrantes eran nobles. En 1814 solamente podían votar los mayores de 30 años y con 300 francos de renta. Las condiciones bajarían en la Carta de 1830: 25 años y 200 francos de renta. Eran los únicos verdaderos ciudadanos porque eran los que tenían derechos políticos. La Carta de 1830 supuso también un cierto avance en el terreno legislativo, porque ambas Cámaras tendrán, como el rey en la anterior, iniciativa legal y no sólo servían para votar las leyes. Aunque, como veremos, las Ordenanzas de julio de ese año pretendían establecer una reforma electoral en beneficio de los electores más poderosos.

El aspecto más liberal de este régimen estaría en el reconocimiento de algunos derechos: igualdad ante la ley, propiedad, libertad de prensa, además de reconocerse la independencia judicial. Pero el problema estaría en las garantías de estos derechos, ya que se aludía a leyes posteriores que debían reprimir el supuesto abuso de su ejercicio, especialmente el de expresión en la prensa, por lo que terminaban por restringirse.

En conclusión, se confirmaría una combinación entre lo moderno y lo antiguo. Moderno era que hubiera elecciones para la Cámara Baja, cuya existencia también es una innovación o avance. Por fin, es importante que se reconociesen derechos. Pero lo antiguo tiene, en realidad, más importancia: el poder del rey, el inmenso peso de los nobles en ambas Cámaras, y que estaríamos ante una concesión graciosa de un rey, que podía revocarse.

La contestación a la Restauración

El sistema de la Restauración fue contestado por dos grandes ideologías, el liberalismo y el nacionalismo. El primero constituye un pensamiento bien estructurado frente a la diversidad del segundo, pero ambos, entrelazados, o predominando en algunos casos más uno que el otro, generaron una intensa oposición a lo que las principales potencias europeas habían defendido tanto para la organización interna de los Estados como en relación al mapa del continente que habían diseñado.

En el ciclo revolucionario surgieron con fuerza los principios democráticos. Algunos autores consideran que sería la versión más progresista del liberalismo, pero, sin negar algunas concomitancias, la ideología democrática rompía en muchos aspectos con los principios liberales, como tendremos oportunidad de ver. Y entre medias de estos factores fue creciendo un nuevo componente, la contestación de signo social que iba más allá de la defensa de regímenes de libertades y/o de la configuración de Estados–nación, y que tenía más que ver con las dificultades para poder vivir de amplias capas sociales europeas, y que podía conectar, en cierta medida, con los principios democráticos, pero que fue conformando una nueva ideología, el socialismo, además de cimentarse el movimiento obrero.

El liberalismo

El liberalismo político del siglo XIX era heredero directo del pensamiento de Locke, de algunas formulaciones ilustradas y estaba estrechamente relacionado con el liberalismo económico de Adam Smith.

El liberalismo concebía la sociedad como un conjunto de individuos iguales que competían entre sí con el objetivo de satisfacer sus necesidades. La suma de las satisfacciones individuales proporcionaría la satisfacción colectiva. Los individuos poseían derechos naturales que el Estado debía reconocer y garantizar: la vida, la libertad individual, la igualdad ante la ley, la seguridad, la libertad económica y la propiedad privada.

Los liberales defendían en el ámbito económico la necesidad de la libertad en todas sus dimensiones, es decir, el "laissez-faire": libertad de empresa, libertad comercial y libertad de contratación. El mercado se convertía en la institución que, con sus leyes de oferta y demanda, no intervenidas por el Estado, regularía las relaciones económicas. Estaríamos ante la influencia de la fisiocracia francesa, pero, especialmente, ante el triunfo de las tesis de Adam Smith.

En el ámbito social, el liberalismo apostaría por el enriquecimiento personal, cuya realización se plasmaría en la propiedad privada, protegida ampliamente por la legislación, a través de los Códigos Civiles, principalmente, según el modelo napoleónico.

La división social pasaría de los factores basados en el nacimiento a los que tenían que ver con el enriquecimiento, por lo que el liberalismo conectaría con los intereses de la burguesía frente a los estamentos privilegiados, considerados como una rémora para el progreso y del desarrollo, pero también frente a los trabajadores por el temor que esa burguesía desarrolló muy pronto hacia las revueltas sociales.

En el ámbito político, la libertad del individuo se convertía en un principio sagrado, y debía estar garantizada contra cualquier abuso que se pudiera cometer por el poder, o por ataques de otros individuos. El Estado debía garantizar la vida, la integridad física, la inviolabilidad del domicilio y la correspondencia, así como la libertad de movimientos. Además, se tendría que establecer la libertad religiosa, aunque este fue un punto complicado porque, aunque en muchos países católicos se desamortizaron las propiedades de la Iglesia, se terminó por considerar como religión oficial la católica, como ocurrió en España, donde hasta la Constitución de 1812 así lo promulgaba. Otra de las libertades tenía que ver con la de imprenta (expresión, en nuestra concepción). La gestión de estas libertades cuando terminaron de establecerse los Estados liberales fue dispar en función del mayor o menor grado de conservadurismo o progresismo del partido liberal en el poder. Generalmente, los partidos más moderados o conservadores eran reacios a una lectura amplia sobre los derechos en aras del mantenimiento del orden público, frente a los progresistas que solían defender una versión más amplia de los mismos.

El liberalismo sostenía la defensa de un sistema que representase los intereses individuales, es decir, votado por los ciudadanos, ya fuera a través del sufragio censitario (propietarios), en la versión más moderada del liberalismo, ya a través del universal masculino, defendido por los liberales más progresistas o avanzados, aunque ambos coincidían en no permitir la participación política de la mujer, hasta que triunfaron, muy posteriormente, las tesis sufragistas. Debemos tener en cuenta que el liberalismo defendía el principio de soberanía nacional, negando la de origen divino, aunque ya veremos cómo se diseñó un concepto nuevo, el de la soberanía compartida por parte del liberalismo más conservador.

En el siglo XIX triunfó la idea de la necesidad de que existiesen partidos políticos. Aunque hubo "partidos" en el Antiguo Régimen, referidos a facciones clientelares en las Cortes de las Monarquías absolutas, especialmente en el siglo XVII, que se vinculaban a privados, validos o ministros, en realidad, el origen de los partidos políticos estaría en los procesos revolucionarios liberales, iniciados en el último cuarto del siglo XVIII, con el precedente fundamental del parlamentarismo inglés. El derecho a participar en la política que trajo consigo el triunfo de la soberanía nacional generó la necesidad de articular las distintas posturas que aspiraban a estar representadas en los parlamentos en torno a organizaciones políticas con objetivos comunes. Así pues, los partidos terminaron por ser piezas básicas de la relación entre el Estado y la sociedad o, al menos, de la parte de la sociedad con derecho al sufragio. En el Parlamento inglés aparecieron los *whigs* y los *tories,* los primeros más partidarios de aquel, frente a los segundos más vinculados a la Corona. El siguiente paso se dio en la Revolución Francesa, surgiendo grupos, destacando entre ellos, los monárquicos constitucionales, los girondinos y los jacobinos, entre otros.

En 1832 se aprobó la *Reform Act* en Gran Bretaña, que fue la primera gran extensión del sufragio en dicho país, incorporando al sistema político a toda la burguesía. Este hecho generó que los viejos *whigs* tuvieran que organizarse de forma distinta, transformándose en el Partido Liberal, con algunas reglas de disciplina interna y cierta coherencia ideológica, para organizar las elecciones y generar adhesiones personales hacia los líderes. Ese fue el espíritu que terminó por triunfar en los partidos políticos en los Estados liberales europeos: organizaciones de cuadros, élites y comités, donde primaban las fidelidades personales. En realidad, solamente funcionaban en los períodos electorales y no estaban muy cohesionados.

El sistema político liberal debía, además, sustentarse en la división de poderes para evitar el absolutismo, adaptando la teoría de Montesquieu a su formulación. La relación entre los poderes siempre es una cuestión importante en los sistemas políticos, como tendremos oportunidad de comprobar.

En todo caso, el ejercicio del poder político tenía que basarse no en la voluntad del gobernante o gobernantes sino en el imperio o supremacía de la ley.

Las Constituciones plasmarían el principio que hemos enunciado, y recogerían los derechos y libertades reconocidos y garantizados —la parte dogmática—, además de diseñar la organización de los poderes y del Estado en la parte organizativa u orgánica. Estas Constituciones debían ser elaboradas y aprobadas por cámaras legislativas constituyentes.

El liberalismo político fue una ideología revolucionaria frente al Antiguo Régimen y la Monarquía absoluta, pero, a medida que fue consiguiendo destruir el viejo orden en la primera mitad del siglo XIX, se fue haciendo cada vez más moderada. Las experiencias de las Revoluciones y el creciente descontento popular, claramente evidente en el 48, provocaron un intenso temor a las protestas, motines y huelgas, con la posible pérdida de poder frente a los que nada poseían. Otro factor que explica esta moderación del liberalismo tiene que ver con la resistencia de los estamentos del pasado hacia los cambios, y que obligó a los liberales a pactar para conseguir estabilizar los nuevos regímenes, a través de compromisos que integrasen a la aristocracia en el sistema, por lo que algunos autores han hablado de una larga pervivencia de elementos del Antiguo Régimen en Europa hasta la Primera Guerra Mundial, más acusada en algunos lugares que en otros.

El liberalismo más moderado es conocido con el nombre de liberalismo doctrinario. Sus principales exponentes fueron Benjamín Constant en Francia y Donoso Cortés en España, entre otros autores. Este liberalismo defendía el concepto de soberanía compartida entre el Monarca y el Parlamento, por lo que los reyes debían tener el poder ejecutivo, nombrado los gobiernos, e interviniendo en el legislativo, controlando sus medidas potencialmente radicales y designando a algunos de sus componentes. El legislativo debía ser bicameral, de modo que la Cámara alta —cuyos miembros eran seleccionados por el rey, tenían un escaño por derecho propio, o eran elegidos por un sufragio muy censitario— moderase a la Cámara baja, cuyos miembros sí eran elegidos todos. Pero solamente podrían elegir y ser elegidos los denominados ciudadanos activos, es decir, aquellos con riqueza y cultura (sufragio censitario). Este liberalismo se oponía a la democracia, es decir a la participación del pueblo en el sistema político. El pueblo sería, siempre según esta concepción política, ignorante y, además intentaba imponer sus reivindicaciones de signo igualitario en lo económico y social, haciendo peligrar los pilares de la libre competencia y de la propiedad.

La ideología democrática

En las Revoluciones de 1830 ya se pueden detectar los principios democráticos, pero, sobre todo, estarán muy presentes en las barricadas de las Revoluciones de 1848, especialmente en Francia. Es evidente, que la democracia decimonónica nace del liberalismo, pero no cabe duda de que dichos principios terminaron por romper con el orden liberal que fue el que, y siempre en sus apreciaciones más conservadoras terminaría por triunfar en la Europa occidental

La democracia se basa en un principio fundamental, el sufragio universal, aunque por ahora solamente masculino, frente al sufragio censitario que defendía el liberalismo sobre la base de las rentas y/o capacidades que poseía el individuo. Los demócratas consideraban que todo el pueblo era protagonista, no solo de los procesos revolucionarios, sino también del gobierno de los nuevos regímenes que se estableciesen.

En línea con el sufragio universal se plantearía una concepción mucho más amplia de la soberanía. No se trataría ya de la nacional o compartida, en algunos casos, sino de una soberanía plenamente popular. No parece una cuestión baladí, ya que el concepto de nación hablaba de una colectividad, aunque al final solamente serían ciudadanos los que podían participar en la política, frente al de popular, que viene de pueblo, es decir, de todos, ya que todos tenían derecho a ser ciudadanos.

La democracia, además, defendía una interpretación más amplia de los derechos reconocidos y garantizados en los textos constitucionales que planteaba el liberalismo. En ese sentido, se buscaba profundizar en la libertad de imprenta (expresión) y, sobre todo, en los derechos de asociación y reunión, tan restringidos para los liberales.

La democracia introducía, al calor de las demandas sociales, algunos principios de intervención del Estado con el fin de aminorar las desigualdades sociales, con una especial dedicación a la educación para combatir el analfabetismo, una rémora para poder participar en política.

Los principios democráticos se desarrollaron en paralelo con el nacimiento en Europa de las tendencias republicanas. La República era contemplada como el régimen político más acorde con todos estos principios democráticos frente a la Monarquía constitucional, la forma política por antonomasia del liberalismo.

El nacionalismo

El concepto de nación como comunidad política con derecho a contar con un Estado organizado es una de las herencias ideológicas de la Revolución francesa. Anteriormente, existía la lealtad personal de los súbditos al monarca absoluto, pero después de la Revolución esta vieja lealtad se sustituyó por otra, la lealtad legal de los ciudadanos a una Constitución. Los individuos debían pertenecer a una comunidad y compartir con otros una cultura, lengua y costumbres para poder ejercer los derechos políticos propios de todo ciudadano.

Los liberales intentaron sustituir los viejos Estados absolutos de súbditos por Estados nacionales, formados por hombres libres, por ciudadanos. En la época de las guerras napoleónicas las ideas del nacionalismo comenzaron a extenderse por Europa. La oposición a la ocupación francesa y a los sistemas políticos que Napoleón impuso impulsó que diversos pueblos se enfrentasen al ejército napoleónico buscando su propio camino para constituirse en Estados, o librarse de su tutela. El Congreso de Viena y el sistema de la Restauración no respetaron los intereses de muchos pueblos europeos cuando se diseñó un nuevo mapa de Europa porque, como hemos visto, se buscaban otros objetivos relacionados con el equilibrio internacional. Pero esto provocaría que el nacionalismo se convirtiera en una fuerza opositora a este sistema con la misma importancia que el liberalismo.

El nacionalismo del siglo XIX fue un fenómeno político y social complejo porque no constituyó una ideología estructurada como el liberalismo o el socialismo. Se pueden distinguir, pero con ciertas prevenciones, dos vertientes o dos tipos de nacionalismo, uno más progresista y vinculado al liberalismo, en línea con algunas de las ideas expuestas, y otro más basado en la tradición, de raíces conservadoras.

El nacionalismo progresista defendía el derecho de los pueblos a liberarse de tiranías extranjeras y la necesidad de la solidaridad de unos pueblos con otros en sus respectivas liberaciones nacionales. Para este nacionalismo cualquier comunidad podía convertirse en una nación si así lo deseaba y buscar los medios para emanciparse y formar un Estado o unirse a otro ya existente con el objetivo de crear uno nuevo. Por eso se trata de un nacionalismo basado en la voluntad. Este nacionalismo fue seguido, principalmente por los liberales demócratas franceses e italianos, destacando la figura de Giuseppe Mazzini.

El nacionalismo tradicional o conservador consideraba que las naciones no se basaban en la decisión o la voluntad de los pueblos o de los individuos, sino que existían previamente como realidades objetivas ineludibles. Esas naciones tendrían rasgos geográficos, culturales, lingüísticos y hasta étnicos propios diferentes a los de otras naciones. Esos caracteres acompañarían a las personas estuviesen donde estuviesen. Una comunidad constituía una nación cuando la historia, la tradición, la cultura y la lengua así lo determinaban. Todo el que perteneciera a esa comunidad pertenecería, asimismo, a la nación y debía compartir esos rasgos nacionales, ya fuera de grado o por la fuerza. No era una cuestión de voluntad como en el liberalismo progresista. El nacionalismo conservador tuvo mucha importancia en Alemania, destacando la figura de Fichte. En todo caso, es muy común encontrar movimientos nacionalistas con características de ambas posiciones.

Por otro lado, también podemos ver dos modelos de nacionalismo. Habría uno de tipo unitario, que pretendía reunir en un único Estado pueblos separados, pero con una nacionalidad común, y que tendrían sus máximos exponentes en los casos alemán e italiano. Por otro lado, habría un nacionalismo disgregador o separatista, que buscaba la fragmentación de Imperios o Estados para formar unidades políticas o nuevos Estados con sus propias naciones. En la época que aquí nos ocupa estaría protagonizado por los casos belga y griego, pero luego se desarrollaría mucho en el seno del Imperio austriaco en todas las nacionalidades que lo integraban, en los Balcanes con relación al Imperio turco, más el caso irlandés. En cierta medida, este es el tipo de nacionalismo que se desarrollarían en la España del último cuarto de siglo en Cataluña, País Vasco y Galicia.

Los inicios de la contestación social

Mientras el liberalismo y el nacionalismo calaron entre la burguesía y nutrieron los movimientos revolucionarios, el descontento social se fue haciendo más fuerte, debido a los cambios económicos y sociales derivados de la Revolución Industrial, y terminó siendo el tercer componente de las Revoluciones de 1830 y, especialmente de 1848.

Efectivamente, ambas Revoluciones no pueden entenderse sin las crisis económicas, que tenían muchos componentes de las clásicas crisis de subsistencias con escasez de alimentos y subidas de precios, pero también del naciente capitalismo industrial. Tenemos un caso evidente entre 1825 y 1826. En el primer año se produjo una durísima crisis de la patata, que terminó extendiéndose al cereal, y que se repitió en los años siguientes, generando un grave malestar social hacia 1829. Pero mientras ocurría esto, fruto de factores antiguos de crisis preindustrial, en 1826 estallaba una grave crisis financiera en Londres con quiebras de empresas, con el consiguiente aumento del paro.

Por su parte, el poder no podía tolerar la existencia de organizaciones obreras porque consideraba que iban contra la libertad de empresa y de contrato, ya que podían presionar para establecer mejores salarios, además de plantear otras reivindicaciones laborales colectivas. La asociación de obreros estuvo considerada como un complot. En Francia fue fundamental, en este sentido, la Ley *Le Chapelier*, promulgada el 14 de junio de 1791, por la que se establecía la libertad de empresa en Francia, aboliendo los gremios existentes. Se trató del triunfo del liberalismo económico y del individualismo, y no sólo por la abolición de uno de los pilares del sistema productivo del Antiguo Régimen, sino, porque, también prohibía que los empresarios, comerciantes, obreros o artesanos pudieran asociarse y establecer normas comunes. Este aspecto es importante porque se aplicaría contra los intentos de asociación de los trabajadores a partir de entonces. Esta prohibición fue recogida, además, en el Código Penal francés. La ley no fue derogada hasta el año 1864.

En consecuencia, las organizaciones obreras tuvieron que desarrollarse de forma clandestina. En la época de la Restauración la represión fue generalizada hacia todo movimiento de protesta, incluido el de contenido social, especialmente a partir de 1820 cuando fue asesinado el duque de Berry. La subida al trono de Carlos X significó un recrudecimiento de la represión. Como veremos, la Revolución de 1830 no se puede entender sin el concurso del pueblo.

El régimen de Luis Felipe coincidió con una época de expansión económica y Francia entró claramente en la senda de la Revolución Industrial. Este hecho tuvo una evidente consecuencia social: el incremento de la clase obrera. El poder aprobó una legislación muy restrictiva hacia los obreros, que decidieron ponerse en marcha en alianza con la burguesía republicana. En fechas tan tempranas como 1831 o en 1834 se produjeron revueltas entre los trabajadores de la seda en Lyon. Los obreros de París se levantaron en 1832 y 1835. El Gobierno reprimió estos conflictos con especial contundencia, aunque no consiguió quebrar este incipiente y activo movimiento obrero de artesanos que se estaban proletarizando.

En 1835 las medidas represivas se agudizaron tras el atentado que sufrió el rey, y que afectaron al derecho de la libertad de expresión y al asociacionismo.

Desde de los inicios del siglo XIX, algunos intelectuales empezaron a criticar los costes sociales de la industrialización y plantearon modelos sociales y políticos alternativos. El término socialismo comenzó a emplearse en la Revolución de 1830 en Francia. Al principio, su significado era un tanto impreciso y se relacionaba con la eliminación de la desigualdad social. El primer socialismo recibió mucha influencia de las ideas ilustradas, pero también de algunas del cristianismo. En los planteamientos de los socialistas utópicos predominaron consideraciones morales sobre las injusticias y los efectos negativos del capitalismo. Como alternativa se planteaban modelos sociales ideales, utópicos, en los que desaparecerían la explotación y la injusticia social. Donde se desarrolló con más intensidad fue en Francia, con menos obreros, pero donde abundaban los intelectuales herederos de la Revolución Francesa interesados en las ideas políticas frente a una Inglaterra con más proletariado, pero con mayores preocupaciones por los problemas concretos de los obreros, como demostró Robert Owen. Los más importantes socialistas utópicos franceses fueron Fourier, Saint-Simon, y Cabet.

Estos pensadores no tenían muchos elementos en común, aunque podemos señalar algunos. No solían ser partidarios de la Revolución y sí del empleo de métodos pacíficos para cambiar la sociedad, basándose en el convencimiento progresivo y la aceptación por parte de la burguesía de la necesidad y bondad de los cambios. Frente a los conflictos entre las clases sociales abogan por la concordia y el entendimiento. En estos planteamientos parece evidente la influencia ilustrada y de Rousseau, al basarse en la idea de la bondad natural del hombre.

Los socialistas utópicos plantearon, como hemos señalado, modelos para una nueva sociedad. Charles Fourier (1772-1837) imaginó una sociedad ideal de comunidades de hombres y mujeres, a la que denominó falansterios. Serían poblaciones con 1 600 habitantes, entre los que se distribuirían las funciones y trabajos alternativamente, para evitar la excesiva especialización. En los falansterios se respetaría la propiedad privada y el derecho de herencia, pero los instrumentos de producción serían comunes. Los falansterios eran grandes edificios, que recuerdan los palacios barrocos, en cuya parte central se encontrarían los talleres y almacenes, mientras que en las alas laterales se situarían las viviendas. Se llegaron a organizar algunos falansterios en Francia y en otros países, pero terminaron por fracasar.

Por su parte, Saint Simon (1760-1825) era un noble de ideas liberales que propuso un desarrollo racional de la industria para superar los enfrentamientos sociales. Era partidario de aplicar el progreso técnico a la producción y de la existencia de una élite científica que dirigiera la sociedad para proporcionar el bienestar general. Sus discípulos fundaron el monasterio de Ménilmontant, donde cada miembro trabajaba según su capacidad.

Cabet publicó en el año 1842 su obra *Viaje a Icaria* donde describirá su propio proyecto utópico, con clara influencia de Platón y de Tomás Moro. Cabet defendía un modelo de sociedad con sufragio universal.

Fuera ya del ámbito del socialismo utópico tenemos que aludir a la figura de Auguste Blanqui (1805-1881), que participó activamente en las Revoluciones de 1830 y 1848. Defendió la creación de una organización conspirativa para fomentar el levantamiento de masas. Blanqui fue un verdadero profesional de la Revolución y sus ideas influyeron en las de Lenin sobre la cuestión de la organización de un partido para hacer la revolución. Por su parte, Louis Blanc propuso la constitución de talleres nacionales en la Revolución de 1848 para dar trabajo a los parados.

Una de las figuras más importantes, a caballo entre el socialismo y el anarquismo, fue Pierre-Joseph Proudhon (1809-1865). Proudhon participó en la vida política francesa y europea. Era tipógrafo autodidacta, que denunció la propiedad privada, a la que consideró el origen de la desigualdad. En su principal obra *¿Qué es la propiedad?* afirmó que la propiedad era un robo. Sus ideas y ataques contra las instituciones, el poder y el autoritarismo le convierten en un precursor del anarquismo.

Las primeras teorías socialistas se fueron extendiendo entre los trabajadores europeos en las décadas de 1830 y 1848. Es la época en Francia de las sociedades secretas, como las *Société des Amis du Peuple, Sociéte des Saisons,* etc. El objetivo de estas sociedades era la conquista del poder mediante las conspiraciones de pequeños grupos. Muchas de estas sociedades tenían relaciones con las que protagonizaron los emigrados alemanes.

La creación de organizaciones revolucionarias formadas por alemanes fuera de las fronteras de los distintos Estados existentes antes de la unificación es una característica de la primera etapa del movimiento obrero alemán. En relación con la Revolución de 1830 París se convirtió en patria de exiliados liberales europeos, pero también de artesanos, obreros e intelectuales con deseos revolucionarios más intensos. En 1832 nació allí la Unión Popular Alemana. Sus integrantes eran artesanos del ramo de la zapatería. Su labor se centró en la publicación y distribución de folletos en alemán para poder distribuirlos en los Estados alemanes occidentales.

En 1834 nació la Liga de los Proscritos formada por trabajadores y artesanos alemanes. La Liga tomó muchos aspectos organizativos de las sociedades secretas dado su carácter clandestino y conspirativo, especialmente de los carbonarios, tan activos en la Italia del momento con derivaciones en los países latinos. La forma de actuar de los carbonarios podía aportar muchas enseñanzas para eludir la acción de las policías alemana y francesa. Existió, por tanto, un cierto paralelismo en materia organizativa, dada la fuerza de los aparatos represivos, entre las organizaciones de tendencia liberal y nacionalista y las obreras, en la década de los treinta y parte de la de los cuarenta del siglo XIX. Pero dichas semejanzas no irían más allá.

Esta nueva organización publicó una revista mensual, llamada *El Proscrito,* que comenzó a ser dirigida por un periodista republicano, que había sido profesor de la Universidad de Heidelberg, llamado Jakob Venedey. Pero al ser expulsado de París por las autoridades fue sustituido por Éduard Rauch, un tipógrafo alsaciano, aunque Venedey no tardaría en regresar. Eso ocurría en 1835. Pero el alma de la publicación era, sin lugar a dudas, Theodor Schuster, antiguo profesor en Gotinga, y que se dedicó a difundir las ideas del socialismo utópico francés y las de tipo económico de Sismondi. Schuster defendía la creación de unos talleres nacionales para combatir la desigualdad generada en las fábricas, y a la que se veían abocados los artesanos de los gremios y talleres que se estaban aboliendo y cerrando en Europa con el triunfo de las ideas librecambistas. Es interesante comprobar el hecho de que Schuster era consciente de que el progreso del pueblo pasaba por terminar con la Monarquía, algo común a las oleadas revolucionarias liberales de esta época, pero con un trasfondo social que no tenían las misma, ya que sostenía que la Monarquía realmente estaba formada por los privilegios, siendo el principal de todos ellos, la riqueza, alejándose, claramente, del espíritu liberal-burgués, que atacaba los privilegios legales pero no los económicos, por lo que ya se habían terminado las posibles concomitancias con las sociedades secretas.

La Liga de los Proscritos elaboró unos estatutos. Interesa detenernos en uno de ellos porque definía el objetivo de la organización, que no era otro que la afirmación y mantenimiento de la igualdad social, política y de la libertad. En 1834 se publicó una hoja con el título de *Profesión de un proscrito,* en el que se exigía el establecimiento de una república democrática que garantizara las libertades, y que debía estar basada en los principios de la igualdad. Así pues, la Liga de los Proscritos defendía tanto la igualdad como la libertad, como pilares del Estado.

En 1836 surgió la Liga de los Justos por iniciativa del exiliado alemán Karl Schapper, que había tenido que salir de Suiza por sus actividades revolucionarias, y del sastre Georg Weissenbach. Fue una escisión del ala más democrática de la Liga de los Proscritos, cuyos miembros eran contrarios a lo que consideraban el autoritarismo de los proscritos, además de incidir más en lo social que lo político. En este sentido, es significativo lo que escribía Engels en su *Contribución a la Historia de la Liga de los Comunistas* (1885), al afirmar que la Liga de los Justos nació gracias a los elementos más radicales de la Liga de los Proscritos, quedando en ésta los "elementos más retardatarios", como calificó al propio Venedey. Engels también nos informa como fue el fin de los Proscritos, fruto de una mezcla de la persecución policial y de la propia disolución interna, hacia 1840.

La Liga de los Justos adquirió, por lo tanto, una clara dimensión socialista o comunista. En este sentido, Schapper escribió *La Comunidad de los bienes,* aunque sería Wilhem

Weitling la gran figura de la nueva organización, que en su *La humanidad tal como está y tal como debería estar* combatía a los socialistas utópicos, defendiendo el protagonismo de la clase obrera en su emancipación. La Liga se desarrolló fuera de Francia, especialmente en Londres donde se creó una sección. A mediados de los años cuarenta, Marx y Engels se acercaron a esta organización. Ambos habían fundado en Bruselas el Comité de Correspondencia Comunista. Aunque Marx valoraba a Weitling no compartía su teoría comunista, manteniendo un duro debate con él. Entre estas controversias, en 1847 se celebró un Congreso en la capital británica donde se acordó la fusión del Comité de Correspondencia en la Liga de los Justos, que pasó a denominarse Liga Comunista. En su seno surgió el encargo a Marx y Engels para el *Manifiesto Comunista* de 1848, obra clave para el surgimiento de una ideología con enorme proyección de futuro.

Las Revoluciones de 1820

Las Revoluciones de 1820 se centraron en el área mediterránea europea: España, Portugal, Nápoles y Grecia. En los primeros casos se impusieron Monarquías constitucionales, pero fracasaron, en gran medida, por la intervención de las Monarquías absolutas.

El caso de Grecia es particular. Los griegos se sublevaron contra el Imperio turco apoyados por Gran Bretaña. Se produjo una larga guerra de diez años y, por fin, en 1829, Grecia obtuvo la independencia. Esta guerra tuvo un amplio eco en toda Europa y concitó el apoyo de muchos románticos e intelectuales, destacando Lord Byron, que allí perdió la vida.

En el este europeo tendríamos, por su parte, la insurrección rusa de los decembristas.

En gran parte de estas Revoluciones tuvieron mucha importancia las sociedades secretas, conectadas internacionalmente y entre los oficiales del ejército, dedicadas a conspirar y organizar revoluciones. Una de las sociedades más activas sería la de los carbonarios, sociedad secreta italiana partidaria de la unificación nacional que luchó contra diversos gobiernos de los Estados italianos. Las Revoluciones de 1820, por lo tanto, no fueron movimientos de masas, a excepción del caso griego.

El Trienio Liberal en España

La situación política y económica de España a raíz de la restauración del absolutismo por parte de Fernando VII a su vuelta a España empeoró por las guerras de emancipación americana, que hundieron a la ya maltrecha Hacienda, sin que salieran adelante los intentos de reforma de la misma por parte de Martin y Garay. Los ministros duraban muy poco en el cargo, dominando la política, realmente, una camarilla alrededor de un monarca voluble. Los escándalos se sucedían, como el de la compra de once barcos rusos en 1817 para enviar a Rusia y que, abandonados en Cádiz, resultaron inservibles. La situación de la Monarquía absoluta se encontraba en un verdadero callejón sin salida.

En este contexto, los liberales iniciaron una larga serie de pronunciamientos. Los liberales eran conscientes de que su debilidad se debía a la falta de apoyo popular, por lo que vieron en los militares la única salida para tomar el poder. En el Sexenio Absolutista llegó a ver hasta ocho pronunciamientos, pero solamente el de enero de 1820 tuvo éxito. Efectivamente, el 1 de enero de dicho año se sublevó el ejército acantonado en la localidad de Las Cabezas de San Juan (Sevilla), dirigido por Rafael del Riego, que debía marchar a América. Aunque al principio Riego no consiguió apoyos, y parecía que su pronunciamiento iba a ser otro fracaso, la Revolución se extendió por diversas ciudades andaluzas y del resto de España.

Tras el juramento de la Constitución de 1812, el rey Fernando VII formó un Gobierno con destacados liberales, como Agustín Argüelles, a la sazón ministro de la Gobernación y José Canga Argüelles en Hacienda. Las medidas que se adoptaron iban encaminadas a formar un sistema de libertades políticas: supresión de la Inquisición, libertad de presos políticos, vuelta a sus cargos a las autoridades constitucionales en Ayuntamientos y otras instituciones, convocatoria de elecciones a Cortes y creación de la Milicia Nacional.

Los liberales pretendían establecer profundas reformas políticas y económicas, según el modelo trazado en la Constitución de 1812, y la legislación que se aprobó en Cádiz, todo abolido con la restauración absolutista al regreso de Fernando VII. En este momento se vivió un claro apogeo de la prensa y de las Sociedades Patrióticas, especie de clubes abiertos en los que se debatían de cuestiones políticas, económicas y sociales, con ciertas vinculaciones con la Masonería. Pero este ímpetu liberal se encontró con dos grandes enemigos: las potencias absolutistas europeas que no estaban dispuestas a tolerar esta experiencia liberal, que estaba contagiándose a otros lugares de Europa; y la actitud contraria del monarca, que conspiró para derribar el sistema constitucional.

Paralelamente a la llegada al Gobierno de los liberales resucitó el movimiento juntero. Frente al liberalismo institucional se desarrolló otro de base más popular. Este hecho fue determinante para que en el seno del liberalismo se fueran formando dos grandes tendencias que, con el tiempo, serían las dominantes en el liberalismo español durante gran parte del siglo XIX. En primer lugar, estarían los liberales moderados. Buscaban un compromiso con los antiguos grupos dominantes y con el monarca para asentar un programa mínimo o básico de reformas. Eran partidarios de la existencia del bicameralismo, con un Senado aristocrático para frenar el posible radicalismo de una sola cámara, del sufragio censitario, del fortalecimiento del poder ejecutivo del rey y de la necesidad de controlar a la prensa exaltada y a las Sociedades Patrióticas. Martínez de la Rosa sería un claro ejemplo de esta tendencia. Con el tiempo, esta familia del liberalismo se transformaría en el Partido Moderado de la época de Isabel II, en estrecha relación con las ideas que defendía el liberalismo doctrinario de raigambre francesa.

Por otra parte, se encontraban los liberales exaltados, que pretendían volver claramente a la Constitución de 1812, con un programa profundo y radical de reformas, en una línea más popular. Defendían la existencia de una sola Cámara como establecía la Constitución de Cádiz y no eran partidarios de fortalecer el poder del rey. Por otro lado, eran partidarios de la Milicia Nacional. Un ejemplo de liberal exaltado sería Romero Alpuente. Con algunas transformaciones serían los futuros progresistas en el reinado de Isabel II.

Esta división del liberalismo condicionó la actuación política en el Trienio Liberal y se fue acentuando. En el propio verano de 1820 los exaltados vieron con malos ojos la disolución por parte del Gobierno moderado del "Ejército de la Isla", el que había llevado a cabo el pronunciamiento de Cabezas de San Juan. Otro punto de fricción fue cuando el ejecutivo decidió suprimir las Sociedades Patrióticas, un símbolo e instrumento del liberalismo exaltado. A pesar de la prohibición, siguieron existiendo de hecho.

Los moderados pretendieron reformar la Constitución en un sentido conservador: introducción del sufragio censitario y creación de la segunda cámara. No consiguieron sacar adelante la reforma porque la oposición exaltada fue firme. Los moderados aprobaron la Ley de supresión de Órdenes monacales y reforma de Regulares, uno de los puntos básicos del programa liberal. También, se abolieron los gremios, se procedió a iniciar un proceso de desamortización de bienes eclesiásticos y se suprimió el mayorazgo de la nobleza. El objetivo era intentar dinamizar la economía al suprimir las trabas impuestas por el Antiguo Régimen y sanear la maltrecha Hacienda.

Los Gobiernos de esta etapa vivieron en crisis constante. Por un lado, estaría la fuerte oposición y las conspiraciones de los exaltados y, por otra, las intrigas del rey y la acción de la guerrilla realista, que se levantó contra el Gobierno a comienzos de 1821, siendo muy importante en Álava, Navarra, Aragón y Cataluña. Los realistas explotaron el odio del clero y del campesinado hacia las reformas liberales. En el País Vasco y Navarra, además, existía el temor a que los liberales anulasen los fueros. A estos duros conflictos habría que añadir la continuación de los procesos emancipadores en América, las maniobras de las potencias absolutistas, y la crisis económica permanente.

Entre el 6 y el 7 de julio de 1822 hubo un intento de pronunciamiento por parte de la Guardia Real, apoyado por el rey y su entorno. Pero la conjura pudo ser descubierta a tiempo y fue frenada por la Milicia Nacional y el Ayuntamiento madrileño.

Ante la tibieza del gobierno de Martínez de la Rosa, los moderados quedaron muy debilitados, formándose, a partir de entonces Gobiernos de liberales exaltados. En este momento, las guerrillas realistas habían conseguido establecer en La Seu d'Urgell una Regencia. El gobierno exaltado de Evaristo San Miguel ordenó una ofensiva al mando de Espoz y Mina, por lo que la Regencia se vio obligada a cruzar la frontera francesa.

La presión de las Monarquías absolutas se recrudeció, habida cuenta de la repercusión de los hechos españoles en el Piamonte, Nápoles y Portugal. Francia, Austria, Prusia y Rusia decidieron intervenir en España. Se decidió, como vimos, enviar un ejército francés —los Cien Mil Hijos de San Luis— mandado por el duque de Angulema, y que invadió España en abril de 1823, uniéndose al mismo las tropas españolas realistas. En junio, el Gobierno y las Cortes decidieron marchar a Cádiz. Ante la negativa de Fernando VII a emprender el viaje fue declarado mentalmente incapacitado por las Cortes. En la ciudad andaluza los liberales resistieron hasta septiembre, cuando decidieron liberar al monarca. El 1 de octubre de 1823, Fernando VII restauraba el poder absoluto y el 13 de noviembre regresaba triunfalmente a Madrid.

La Revolución de 1820 en Portugal

Al terminar la guerra peninsular, Portugal quedó convertido, en el concierto internacional diseñado en el Congreso de Viena, en una potencia de segundo orden. El país estaba arruinado. El antaño próspero comercio con Brasil, fundamental para la economía portuguesa, quedó seriamente dañado no tanto por la contienda contra los franceses, como por el poder británico, como se puso de manifiesto en la apertura de los puertos coloniales a los "países amigos" en 1808 y, sobre todo, por el tratado anglo-luso de 1810, que ofrecía importantes beneficios económicos al todopoderoso aliado. En ese momento, Portugal quedó sometido a la economía británica.

En 1815, Brasil fue elevado a rango de reino y la familia real decidió permanecer en América. En Portugal creció un acusado sentimiento de frustración. En 1816 murió la reina María I y subió al trono Juan VI. En ese clima creció el descontento de la población y se produjeron varias conspiraciones de signo liberal, aunque fracasadas, y que terminaron con encarcelamientos y ejecuciones. Entre las conspiraciones la más importante fue protagonizada por el general Gomes Freire de Andrade. Este personaje terminó por convertirse en un verdadero símbolo de la libertad y, muy especialmente entre los masones. Pero los liberales portugueses, animados por el ejemplo de Riego en España, aprovecharon la ausencia de lord Beresford, el hombre fuerte del país, y que había marchado a Brasil con el fin de conseguir más poderes del rey, para organizar la Revolución, que se produjo en dos fases.

El 24 de agosto de 1820 se levantó la guarnición militar de Campo de Santo Ovidio en la ciudad de Oporto. La burguesía mercantil de la ciudad estaba descontenta por las repercusiones de la guerra, el dominio británico y el fin del monopolio comercial con Brasil. El 15 de septiembre se produjo un segundo levantamiento, que tuvo lugar en Lisboa. El 28 de septiembre, las autoridades de Oporto y Lisboa formaron la Junta Provisional del Gobierno Supremo del Reino. Pretendían hacerse con la Regencia y convocar Cortes Constituyentes. En el mes de diciembre se celebraron elecciones para formar estas Cortes. Por otro lado, se exigió la vuelta urgente del rey a Portugal. El tercer objetivo de los liberales pasaba por la restauración del monopolio comercial con Brasil. Juan VI regresó, teniendo que jurar los principios de la futura Constitución, aún no aprobada. En Brasil quedaba el príncipe Pedro.

La Constitución entró en vigor en octubre de 1822 y estuvo vigente hasta junio de 1824 cuando fue abolida. El texto presentaba claras influencias de la Constitución española de 1812. Recogía derechos y deberes individuales, establecía la soberanía nacional, la división de poderes, con un sistema legislativo unicameral, aunque con veto suspensivo del rey, que tendría el poder ejecutivo con el gobierno, que debía, por otro lado, responder ante el legislativo. El sufragio sería directo de todos los varones que supieran leer y escribir. Brasil quedaba integrado en el nuevo sistema político a través de una fórmula federal.

Si en España la facción reaccionaria o absolutista era apoyada por el propio monarca Fernando VII, en Portugal el protagonismo en la lucha contra el sistema político liberal le correspondería a la reina Carlota-Joaquina, hermana mayor del rey español, y al príncipe Miguel. Al igual que el Trienio Liberal español, el período "vintista" portugués sería inestable y no pudo consolidarse. En todo caso, se intentaron cambios profundos: abolición de privilegios, supresión de la Inquisición, promulgación de libertades, etc., que generaron enemigos en los sectores más contrarios a las reformas. Además, en este momento, Brasil se independizó bajo el mando del príncipe Pedro, constituyéndose en Imperio, ya que los brasileños no aceptaron la subordinación que se establecía en la Constitución, aprovechando, además la experiencia administrativa adquirida en los trece años en los que habían sido el centro del Imperio portugués. Estos problemas y la influencia de la intervención de la Santa Alianza en España marcaron el final del primer período liberal portugués, El levantamiento de Vila Franca de Xira, conocido como la "Vilafrancada", bajo la dirección del príncipe Miguel, selló este final.

Las Revoluciones en Italia

Las Revoluciones de 1820 prendieron en dos Estados italianos, en el reino de las Dos Sicilias y en el Piamonte. Con una fuerte influencia española en julio de 1820 estalló una revuelta en la ciudad de Nápoles, teniendo la Carbonería un evidente protagonismo, con Gugliemo Pepe como uno de los principales líderes. El rey Fernando I se vio obligado, como le había ocurrido a Fernando VII, a jurar una Constitución, claramente inspirada en la de Cádiz. El Congreso de Troppau, celebrado en octubre de 1820, se trató de la cuestión, pero la decisión de intervenir por parte de las potencias de la Restauración se tomó en el Congreso de Laibach, donde acudió el propio rey Fernando. En 1821 los austriacos se enfrentaron a las tropas de Guglielmo Pepe, venciendo, lo que les permitió entrar en el reino de Nápoles.

El Piamonte pertenecía al denominado reino de Cerdeña, regido por la Casa de Saboya. Sin lugar a dudas, estaríamos en uno de los núcleos principales del incipiente nacionalismo italiano y también de uno de los centros de la Carbonería. Cuando los carbonarios supieron de la suerte que estaba corriendo la Revolución en el sur por el empuje austriaco decidieron levantarse en marzo de 1821.

Víctor Manuel I abdicó en su hermano Carlo Felice, que se vio obligado a aceptar una Constitución, que también tenía mucho del sello español.

En el mismo Congreso de Laibach se permitió que el ejército austriaco acantonado en Nápoles marchara hacia Turín para reponer en el absolutismo a Carlo Felice, que una vez con todas sus prerrogativas se dispuso a iniciar una intensa represión sobre los carbonarios.

La independencia de Grecia

Grecia pertenecía al Imperio turco-otomano desde el siglo XV, con la excepción de algunas islas que estuvieron durante gran parte de la época moderna en manos de la República de Venecia. Durante esta época se dieron algunos levantamientos por parte de los griegos, aunque sin consecuencias evidentes, hasta que el poder del Imperio turco entró en decadencia. Además, los griegos emigrados a Europa trabajaron para crear un clima favorable para su causa.

La revuelta estalló en 1820. Dos años después los griegos proclamaron su independencia en la Asamblea de Epidauro, pero las disensiones internas favorecieron que los turcos pudieran reconquistar el país.

Por otro lado, en la Europa de la Restauración, habida cuenta de la importancia estratégica de la zona, pronto se despertó la necesidad de intervenir de alguna manera. El mayor interés lo demostraron Francia, Gran Bretaña y Rusia, que apoyaron públicamente la causa helena por el Tratado de Londres (1827).

Después de la destrucción de la flota turco-egipcia en la Batalla de Navarino, el sultán turco tuvo que firmar el Tratado de Adrianópolis en el año 1829, confirmada por un protocolo firmado en la capital británica de 1830. En todo caso, Grecia tuvo que ceder una parte de la Tesalia.

El primer jefe de Estado de la Grecia independiente fue Ionnis Kapodristrias, un conde, natural de Corfú. El personaje había sido uno de los políticos clave de la República de las Islas Jónicas, un estado independiente en 1801, reconocido por rusos y turcos. También estuvo a servicio diplomático del zar y participó en el Congreso de Viena. Después regresaría a su tierra, en la época de la dominación británica, y se involucró en la causa por la independencia de Grecia. En la Asamblea de Trezena (1827) fue elegido presidente de Grecia. Fue un gobernante autoritario que se granjeó muchas enemistades, siendo asesinado. A su muerte Grecia entró en un período anárquico. En este contexto las potencias designaron en 1832 como rey de Grecia a Otón Wittelsbach, de la Casa reinante en Baviera.

Los decembristas rusos

Fuera del ámbito mediterráneo el espíritu revolucionario solamente caló en Rusia.

Las guerras napoleónicas tuvieron un efecto no predecible por parte de la autocracia rusa. La participación de los ejércitos zaristas en las batallas por media Europa provocó que una parte de la joven oficialidad estuviera en contacto con las ideas revolucionarias, las nuevas formas de vida y de entender la organización social y política contrarias al absolutismo y la sociedad estamental, que se desarrollaban en Occidente. Parece evidente que más repercusión e importancia histórica tuvieron las ideas que partían de

Francia que las conquistas militares, en sí, de la Revolución y Napoleón. Estos oficiales llevaron este bagaje a Rusia cuando regresaron. Se formaron clubes que sin ser como los revolucionarios franceses sí planteaban debates políticos intensos y desde donde salieron muchas propuestas de cambio, y que tenían relación con la Masonería. El más destacado fue la Liga o Unión de la Salvación por la Patria. Esta Liga terminó por desaparecer y se dividió en dos: la Liga o Sociedad del Norte en San Petersburgo y la Liga del Sur.

La primera optó por la moderación, planteando la necesidad de que se estableciera una Monarquía constitucional. En esta Liga se destacó Muraviov que escribió un *Catecismo Ortodoxo,* que circuló clandestinamente. Muriaviov fue un oficial que entró en París cuando Napoleón fue vencido y, al parecer, además de la educación radical que tuvo, recibió la influencia del militar y masón español Juan Van Halen durante su estancia en Rusia. En esta Liga también se destacó la figura del periodista Ryléyev. El primero criticaba el derecho absoluto de los zares porque la soberanía pertenecería al pueblo ruso, pero estaba dispuesto a aceptar una Constitución no muy radical que provocase menos resistencia del zar y de la nobleza, frente a un mayor radicalismo del periodista.

Por su parte, en la Liga del Sur, destacó Pablo Pestel, con ideas más radicales. Era aristócrata y había ingresado en el ejército como oficial. Recorrió Europa donde aprendió las ideas revolucionarias francesas. Pensó en una revolución dirigida por los siervos, lo que demostraría su radicalismo, ya que le movía el principio de la igualdad por encima de todo. Pero además no sólo se quedaba en la igualdad ante la ley, suprimiendo la servidumbre, sino que también propugnaba la económica porque proponía la expropiación de la tierra en manos de los nobles, es decir, de casi toda la tierra de Rusia. Por fin, creía que las comunidades campesinas deberían participar en el gobierno y administración del Estado.

Las Ligas decidieron dar un paso adelante y no quedarse en foros de discusión política, a la altura de 1825. No todos los miembros de los clubes tenían las ideas igualitarias de un Pestel o un Muraviov. La mayoría respetaba la existencia de la Monarquía, aunque no absolutista y sí constitucional. Desde el otro lado de Europa les llegó lo que promulgaba en la Constitución de Cádiz y algunos llegaron a defender la aplicación en Rusia del modelo español. Pero para ello se necesitaba un monarca que aceptase las limitaciones que le impusiera una Constitución, algo harto complicado en uno de los Estados más absolutistas de Europa. Muchos miembros de las Ligas pensaron en la figura de Constantino, el segundo hijo del zar Alejandro I, y que se estaba distinguiendo por practicar una política liberal en Polonia donde había sido enviado en calidad de virrey. Por otro lado, el Senado proclamaría las libertades, terminaría con la servidumbre y convocaría elecciones por sufragio censitario para formar una Asamblea Constituyente. Para lograr la aplicación de estos objetivos había que levantarse contra el zar. Se pensó que el momento ideal sería el verano de 1826 en el sur porque el ejército tenía planeadas unas maniobras para esa época.

La Liga del Sur tenía muchos afiliados en la oficialidad y eso podría asegurar el éxito. Pero los acontecimientos se precipitaron porque el zar Alejandro I murió repentinamente. El día de Navidad Nicolás I fue coronado en San Petersburgo. Este hecho fue aprovechado por los oficiales revolucionarios para sacar a las tropas a la calle; de ahí que se conozca a estos revolucionarios como decembristas. La población les acogió con vítores que aludían a la necesidad de una Constitución y a favor de Constantino. Hubo una clara confraternización entre los soldados y el pueblo y, curiosamente este hecho que podía considerarse un síntoma del éxito de la sublevación fue la causa de su fracaso porque la mayoría de los oficiales temieron la posible revolución social que se podía producir y desaparecieron. Al no contar con jefes ni líderes destacados la represión fue fácil. Las noticias del fracaso tardaron en llegar al sur, por lo que los sublevados de esta zona, con Pestel como líder, decidieron marchar sobre Kiev, pero los cosacos les derrotaron.

La represión fue intensísima. El zarismo no podía tolerar ningún tipo de sublevación y mucho menos de una parte de la oficialidad de su ejército. Pestel utilizó el juicio al que fue sometido para hacer propaganda de sus ideas, aceptando plenamente su responsabilidad. Se condenó a muerte a un centenar de oficiales, aunque solamente fueron ejecutados cinco, por supuesto Pestel y Muraviov, los dos líderes más radicales.

Las sociedades secretas: los carbonarios

Las primeras oleadas revolucionarias, entre 1820 y 1830, no se pueden entender sin el concurso de la Masonería, pero sobre todo de distintas organizaciones secretas donde fermentaron las ideas del cambio frente al orden establecido por la Restauración. Una de las principales organizaciones fue la Carbonería, muy vinculada a la realidad italiana, pero también extendida por otros países del sur europeo, y a la nos hemos referido ya en varias ocasiones.

Los carbonarios (*carbonari,* en italiano) eran los miembros de una sociedad secreta, la Carbonería, que se fundó en Nápoles a principios del siglo XIX en los tiempos de la ocupación napoleónica. Sus ideales combinaban el liberalismo con el nacionalismo. Su modelo de organización y sus procedimientos conspirativos e insurreccionales marcaron los inicios de los procesos revolucionarios liberales en Italia hasta 1830. También hubo carbonarios en Francia *(Charbonnerie),* en Portugal *(Carbonária)* y en España, gracias a los italianos emigrados o exiliados.

Los carbonarios comenzaron siendo contrarios a la política seguida por Murat, pero cuando terminó la ocupación francesa se enfrentaron a la Monarquía de Fernando I de las Dos Sicilias, que había repuesto el absolutismo. Fue un momento de crecimiento de la Carbonería, ya que recogió el malestar de la burguesía urbana del reino ante la política real favorecedora de los intereses de la nobleza terrateniente.

Los carbonarios se extendieron, también, por el norte de Italia, especialmente en la Lombardía y la Emilia-Romagna, al conseguir el apoyo de Filippo Buonarroti que, sin ser carbonario, se identificaba con sus ideas.

Después del Congreso de Viena (1815) los carbonarios abrazaron con fuerza, además de las ideas liberales, un marcado nacionalismo italiano, especialmente contra el dominio austriaco. De todas las formas, no hubo unanimidad en el seno de la Carbonería sobre el sistema concreto de gobierno que se quería en Italia, aunque se partiera del liberalismo.

En 1820, la Carbonería tuvo un destacado protagonismo en la Revolución napolitana de ese año. La influencia del ejemplo de sublevación liberal de Riego en España fue evidente. Michele Morelli y Giussppe Silvati, dos oficiales, y el general Guglielmo Pepe marcharon, a principios de julio, desde Nola hacia Nápoles, al frente de varios regimientos de caballería. El rey Fernando I aceptó conceder una constitución y el establecimiento de un parlamento, como había hecho Fernando VII en España. El éxito alentó a los carbonarios piamonteses. En marzo de 1821 consiguieron el establecimiento de un sistema constitucional en Turín.

El sistema de la Restauración no iba a dejar que en el sur de Europa —España, Portugal y parte de Italia— triunfasen sistemas políticos liberales. En febrero de 1821, un ejército derrotó a los insurrectos napolitanos. En el norte, el rey Carlos Felice pidió la intervención de Austria. En el mes de abril un ejército austriaco derrotó a los insurrectos piamonteses. A continuación, se desató la represión contra los carbonarios. Pero los carbonarios siguieron conspirando por la causa liberal y nacionalista. Hubo carbonarios en la Revolución de 1830 en París. Los carbonarios italianos se levantaron en Módena y los Estados Pontificios. En esta ciudad, Ciro Menotti tomó la iniciativa, pero fracasó por la traición del duque Fernando IV de Módena. Menotti fue condenado a muerte. Por su parte, en los Estados Pontificios la revuelta se extendió en febrero de 1831 por Bolonia, Reggio Emilia, Imola, Faenza, Ancona, Ferrara y Parma, con un claro protagonismo de los carbonarios. Se estableció un Gobierno provisional bajo la bandera tricolor, pero el cuerpo de la milicia que marchó hacia Roma fue aniquilado por las tropas austriacas llamadas por Gregorio XVI.

En el seno de la Carbonería comenzaron a ganar peso los que comprendieron que solos no podían imponerse a Austria, la gran enemiga. La estrategia para conseguir sus objetivos debía cambiar. Mazzini decidió crear otra organización, la "Joven Italia", en la que ingresaron muchos antiguos carbonarios. La Carbonería siguió existiendo, pero sin casi actividad, hasta su final en 1848.

El origen social de los carbonarios se encontraba en la burguesía, aunque también hubo nobles entre sus miembros. Algunos importantes personajes italianos del momento fueron carbonarios o estuvieron cerca de los mismos: Silvio Pellico, Antonio Panizzi, Giuseppe Mazzini, etc.

Los carbonarios se basaban en los símbolos de los que preparaban el carbón y lo vendían. La Carbonería adoptó muchos de los procedimientos y ritos masónicos, pero mientras la Masonería siempre fue pacífica, y no actuó como organización (siendo los masones libres de participar en la vida política), la Carbonería sí se destacó por sus acciones como organización.

En relación con los miembros, estaban los aprendices que, con el tiempo se convertían en maestros, aunque nunca antes de seis meses. Había juramentos de fidelidad y todo bajo el más estricto secreto, que si se vulneraba se pagaba con la vida. Para identificarse usaban un lenguaje de signos secretos en los apretones de manos. También había signos relacionados con la jerarquía: los maestros llevaban un hacha y los aprendices un haz de leña en la solapa.

Como toda sociedad secreta, la Carbonería tenía una organización jerárquica muy bien definida. Las células o núcleos básicos eran los barracones o barracas *(baracca,* en italiano), que se agrupaban en las ventas *(vendita),* aglomeraciones más grandes, y éstas dependían, a su vez, de las ventas madre y de las *altas ventas.* Por otro lado, había un sector o logia civil, dedicada a labores de propaganda política y otra logia militar, destinada a fomentar acciones armadas e insurrecciones.

Las Revoluciones de 1830

Las Revoluciones en torno a 1830 fueron más profundas que las que se produjeron en 1820, y afectaron a casi toda Europa. En Francia, los Borbones fueron derrocados en la Revolución de julio de 1830, subiendo al trono Luis Felipe de Orleáns, iniciándose un sistema político liberal de Monarquía constitucional. Bélgica se independizó de Holanda, estableciendo una Monarquía liberal, siendo reconocida por Francia y Gran Bretaña, siendo la Revolución con el más marcado carácter nacionalista de todas en aquel período. En Portugal y España, al principio de de esa década, se instauraron Monarquías constitucionales, aunque se inició un largo e intenso período de guerras civiles con los absolutistas, miguelistas en Portugal y carlistas en España.

En Europa central y oriental las Revoluciones no tuvieron tanto éxito. Las Revoluciones que estallaron en diversos Estados italianos fueron duramente reprimidas por los austriacos. En algunos Estados alemanes se aprobaron constituciones, pero muy pronto fueron derogadas por la presión de Metternich desde Viena. En Polonia se proclamó la independencia, pero la rebelión fue aplastada por los rusos.

A diferencia de las revoluciones de 1820, en las de 1830 tuvo gran influencia el fuerte descontento de las clases populares. El protagonismo en las Revoluciones ya no fue de las sociedades secretas ni de los conspiradores sino de las propias masas. Más allá de las peticiones de los liberales y nacionalistas, surgió un movimiento democrático y republicano más radical, demostrando la división que estaba surgiendo en el seno del liberalismo. Ese movimiento no tardaría en enfrentarse contra la nueva Monarquía constitucional francesa de Luis Felipe, basada en los principios del liberalismo moderado: sufragio censitario y control del sistema por la alta burguesía, y que sería protagonista en el siguiente ciclo revolucionario de 1848-49.

La Revolución en Francia

Carlos X fue un monarca que marcó un endurecimiento del sistema político que se había diseñado para su antecesor Luis XVIII. Al frente del Gobierno se situó a Jules de Polignac, un político que representaba los planteamientos del partido ultramonárquico francés, además de no caracterizarse, precisamente, por la habilidad política. Estos aspectos hicieron que chocara con la Asamblea. En este contexto, Carlos X dictó unas *Ordenanzas* en julio de 1830 para suspender la libertad de prensa, pero también para disolver la cámara con una reforma electoral con el fin de dar más peso a los electores que eran grandes propietarios. Pero la opinión pública comenzó a movilizarse contra la disolución de la Asamblea.

En ese contexto, el 27 de julio comenzaron las que son conocidas como las Tres Jornadas Gloriosas, con barricadas, y en las que el pueblo tuvo un gran protagonismo, junto con los estudiantes. El cierre de fábricas y talleres provocó que los trabajadores se lanzaran a la calle. Este protagonismo popular sirvió a los intereses de la burguesía en aquel momento, pero todo tenía un límite para la misma, temerosa de que, al final, se proclame una república. Por eso Thiers promovió la figura del duque de Orleans para ocupar el trono. Y así fue, se le nombró lugarteniente del reino, y el 7 de agosto los diputados le aclamaron como rey en París. Es el primer monarca surgido en función de la soberanía nacional. La Carta fue reformada en un sentido liberal, eliminándose la censura de prensa, y ampliando la base electoral, aunque con sufragio censitario.

El nuevo régimen era, por lo tanto, liberal, concitando la repulsa de las Monarquías de la Restauración; en ese sentido, el rey Luis Felipe fue conocido en esos ámbitos como el "rey de las barricadas". Pero los sectores republicanos no tardaron en verse decepcionados porque, aunque al principio se persiguió a los miembros reaccionarios del anterior régimen, se permitió el auge del anticlericalismo, se democratizó la Guardia Nacional, y se apoyó a los procesos revolucionarios fuera de Francia, acabó produciéndose un giro conservador en la orientación política de los Gobiernos. El año 1832 fue clave en este cambio, con gabinetes de figuras como Guizot, ante una gravísima crisis económica, la extensión del cólera y del malestar social. La burguesía, por lo tanto, puso freno a la posición más avanzada de la época de Laffitte. La Monarquía de Luis Felipe de Orleáns se caracterizó, por lo tanto, por ejemplificar la consolidación de un Estado liberal muy moderado, provocando, con el tiempo, un fortalecimiento de la oposición democrática, republicana y radical, así como del movimiento obrero a pesar de la vigencia de la Ley Le Chapelier.

La Revolución en Bélgica

Aunque es evidente que la Revolución en Bélgica en 1830 tuvo un rasgo evidentemente nacionalista, si la comparamos con la de Francia, no cabe duda de que terminaría generando un sistema político liberal.

Bélgica había sido unida a Holanda en un nuevo Estado a pesar de sus múltiples diferencias culturales, religiosas y económicas. Los belgas, a pesar de contar con el mismo peso en el legislativo, aunque no en el ejecutivo, se consideraban sometidos a los holandeses.

El 25 de agosto de 1830 estalló la Revolución en Bruselas, inspirándose los revolucionarios en el ejemplo parisino. La burguesía, temerosa de los disturbios, constituyó milicias urbanas en las ciudades, que consiguieron tomar el control. Se encargó a una comisión que se dirigiera al rey Guillermo I para que se discutiesen las demandas belgas en los Estados Generales y se destituyese al ministro de Justicia, Van Maanen. Aún no se hablaba de independencia, en todo caso de autonomía. Pero las decisiones de Guillermo precipitaron la independencia. Si por un lado enviaba a uno de sus hijos —el futuro Guillermo II— a negociar, organizaba un ejército, al mando de otro de sus hijos, lo que se interpretó como que el monarca lo que buscaba era reprimir. En ese sentido, en Bruselas el príncipe Guillermo ya escuchó la demanda de independencia.

El ejército entró en Bruselas, provocando la ira popular en las conocidas como Jornadas de Septiembre. Después de unos días de combate las tropas se retiraron. Al final de dicho mes el Comité formado de los dignatarios belgas se convirtió en Gobierno Provisional, y el 4 de octubre se proclamó la independencia de Bélgica.

Las potencias de la Restauración se alarmaron, especialmente Rusia. Por su parte, la Francia revolucionaria apoyaba a los belgas, y Gran Bretaña decidió no intervenir porque, aunque había aceptado en su día la creación del Reino de los Países Bajos, temía el poder comercial holandés y vio una oportunidad en la Revolución belga para que se debilitara. En todo caso, se reunió una conferencia en Londres para tratar el asunto, que terminó por reconocer la independencia belga, pero con condiciones. El nuevo Estado debía ser neutral, no incluir en su seno Luxemburgo ni Limburgo, territorios que vieron confirmadas sus separaciones de Bélgica en 1839, además de comprometerse a pagar una parte de la deuda de los Países Bajos.

En Bruselas un Congreso constituyente, elegido el 3 de noviembre, aunque por sufragio censitario, decidió otorgar el trono a Leopoldo de Sajonia-Coburgo, aunque no fue la primera opción en la que se pensó (se había pensado en el hijo del nuevo monarca francés, pero no aceptó por razones diplomáticas). En un lapso de tiempo muy corto ya había dos monarcas europeos elegidos por cámaras legislativas, un cambio que estaba resquebrajando el modelo de monarquía absoluta, impuesto por la Restauración.

La Constitución de 1831 fue un ejercicio de eclecticismo liberal, recogiendo parte de la tradición constitucional francesa, así como de la holandesa. Se estableció una clara separación de poderes, así como una avanzada declaración de derechos. Aunque el rey encabezaba el ejecutivo con su Gobierno veía muy restringidos sus poderes, ya que sus disposiciones tenían que estar firmadas por un ministro. El Gobierno, por su parte, era responsable ante un legislativo bicameral y se garantizó la independencia del poder judicial. El sufragio, eso sí, sería claramente censitario, ya que solamente podía votar el 2% de los belgas, pero, en todo caso, hasta la reforma británica de 1832, era de los más avanzados en Europa.

Por su parte, Bélgica comenzaría una de las revoluciones industriales más potentes de Europa después de la británica. A pesar de lo reducido de su territorio, Bélgica contaba con importantes recursos naturales y un capital humano poco comparable al de otros lugares, fruto de una secular tradición de trabajo en todos los sectores productivos, y que se podría remontar a la propia Baja Edad Media. Su ubicación geográfica también debe ser tenida en cuenta, en una situación central privilegiada entre Gran Bretaña, Francia y Alemania, en un área de buenas comunicaciones naturales.

Las Revoluciones fallidas

En primer lugar, tendríamos el caso polaco. Polonia no era un Estado en 1830. Como vimos, salió del Congreso de Viena completamente desmembrada y ocupada, con la única excepción de la República de Cracovia. Rusia ocupaba casi todo el territorio, pero los prusianos y austriacos también se hicieron con importantes porciones polacas. Se trataba de una situación muy peculiar, ya que, en este caso, el nacionalismo polaco tuvo que enfrentarse a tres grandes poderes, aunque el principal escollo sería el ruso.

Como expusimos en su momento, el zar Alejandro I dispuso que Polonia fuera una parte importante del Imperio en calidad de satélite. En 1815 se estableció una especie de sistema de Carta Otorgada con un ejecutivo controlado por San Petersburgo a través de una especie de virrey, y que en este momento fue Constantino, hermano del zar. El legislativo, por su parte, sería elegido por un restringidísimo sufragio censitario para que solamente accediera una minoría supeditada a los designios establecidos por Rusia, que también controlaba las fuerzas armadas.

El nacionalismo polaco era muy activo, ya que actuaba en el seno de una sociedad harto descontenta con el poder ruso. Pero presentaba tres grandes problemas. En primer lugar, algo que ya hemos comentado, es decir, la existencia de tres potencias sobre suelo polaco; en segundo lugar, el enorme poder ruso y, por fin, una cuestión en clave interna, la diversidad de proyectos para estructurar una

Polonia independiente. La alta nobleza, en torno al Partido blanco, era muy conservadora y, en realidad, no pretendía la independencia sino la autonomía, temerosa de las tendencias revolucionarias liberales. El Partido rojo, por su parte, integrado por la pequeña nobleza, la oficialidad del ejército y la burguesía de las profesiones liberales, era claro defensor de la independencia y del establecimiento de un régimen político liberal.

La Revolución polaca estallaría en noviembre de 1830, espoleada por el ejemplo de lo que había ocurrido en Francia, y por la marcha de una parte de las tropas rusas hacia Bélgica. Además, Francia había prometido ayuda a los polacos en su causa. La insurrección cogió de sorpresa a los rusos que se retiraron. Se estableció un Gobierno provisional, presidido por Chlopicki, un antiguo general napoleónico, que en febrero de 1831 proclamó la independencia además de solicitar la ayuda de Francia. Pero los polacos no recibieron ayuda alguna, seguramente por temor al poder ruso.

San Petersburgo, en vista de que ninguna potencia liberal occidental iba a enviar tropas o ayudas a los polacos, decidió ponerse en marcha. En septiembre ya se había ocupado Varsovia, estableciéndose un nuevo régimen político a través del Estatuto de 1832, además de emprender la represión del nacionalismo polaco. En este sentido, se estableció una política clara de rusificación. Se prohibió el uso del idioma polaco y también su enseñanza en las escuelas. Se cerraron las universidades, por lo que las élites polacas si deseaban recibir enseñanza superior debían hacerlo en Rusia. Se impuso el cristianismo ortodoxo sobre el catolicismo polaco. El terror fue el arma para mantener el orden. Por fin, creció el exilio, ya que casi cinco mil polacos marcharon hacia Francia.

Por su parte, en Italia, los carbonarios seguían con fuerza, y entre liberalismo y nacionalismo se emprendió un impulso tanto contra el poder austriaco, que pesaba, especialmente en el norte, como contra el Papado. En estos movimientos se consigue expulsar a los soberanos de Parma y Módena, obligando a una nueva intervención austriaca para reponerlos, al arrogarse la tutela de Italia, y restaurar el absolutismo.

En todo caso, el nacionalismo italiano, aunque vencido no estaba muerto y empezaron a perfilarse proyectos para el futuro. El romanticismo, fiel aliado del nacionalismo, tuvo en Italia destacados representantes. Los escritores se dedicaron a ensalzar la idea de la patria italiana. En este sentido, es importante nombrar al poeta Leopardi y al novelista Manzoni. Por su parte, el sentimiento antiaustriaco encuentra en *Mis prisiones* de Silvio Pellico su máxima expresión. El autor relató su propia experiencia al ser encarcelado por los austriacos por su lucha como carbonario. La obra fue muy popular, y algunos consideran que fue fundamental en el combate moral contra uno de los principales enemigos de la unificación.

Gioberti fue un personaje clave en la defensa de la unidad italiana. En 1843 escribe *Del primado moral y civil de los italianos,* donde defiende la existencia de una raza italiana con lazos comunes de sangre, religión e idioma. Pero, sobre todo, propugna que los italianos se agrupen en torno al Papa, aunque con el tiempo las expectativas con Pío IX se esfumaron. La política pontificia terminó por ser contraria a la unificación porque la misma suponía terminar con la existencia de los Estados Pontificios.

Cesare Balbo, por su parte, escribe en 1844, es decir, de forma casi simultánea a la obra del abate Gioberti, *La esperanza de Italia,* obra en la que propone una solución federal para Italia, habida cuenta de la diversidad de estados y entidades políticas italianas. En todo caso, Balbo siempre fue un moderado.

El modelo de nacionalismo progresista y republicano tiene en Mazzini su más encendido defensor. La unificación solamente podría producirse con un levantamiento del pueblo italiano. Siempre luchó por ello a través de las organizaciones que creó, como la "Joven Italia", con su lucha por la República romana, y hasta en el exilio. Frente a este modelo republicano se planteaba la opción monárquica en torno a la Casa de Saboya de un Massimo d'Azzeglio.

En Alemania resonaron con fuerza los ecos de la Revolución en Polonia y se acogió a muchos refugiados. Pero, además, se produjeron revueltas contra soberanos de distintos Estados. En Hannover se llegó a proclamar una Constitución, y en Hesse-Kassel un sistema parlamentario unicameral con el fin de no otorgar poder a la nobleza. Hasta en Prusia habría movimiento. Metternich, alarmado por la situación en Alemania, espoleó a los tres monarcas absolutos para poner fin a lo que estaba ocurriendo. Esta acción permite que el soberano prusiano frene los avances liberales disolviendo la Dieta. Al final, el impulso revolucionario consigue sofocarse en toda Alemania, así como cualquier veleidad nacionalista que buscara la unificación.

En todo caso, sí es importante destacar que en 1835 nacería el Zollverein o Unión Aduanera de los Estados Alemanes. En medido del fortalecimiento del absolutismo, se tomaban medidas económicas más avanzadas, lo que demostraría que no todo era intentar regresar al Antiguo Régimen, especialmente en esta materia económica.

La creación de un mercado de libre comercio entre los Estados alemanes comenzó a fraguarse, realmente, al terminar las guerras napoleónicas. En 1819, la Asociación Comercial Alemana reclamó la necesidad de que se constituyera dicho mercado. Por su parte, el principal economista alemán de la época, Friedrich List, denunció la existencia de hasta treinta y ocho aduanas interiores, y que para comerciar en el interior de Alemania había que conocer y estudiar distintos reglamentos aduaneros y afrontar infinidad de derechos de pago. Defendía, en consecuencia, la necesidad de que se unificaran los aranceles para toda Alemania con el fin de proteger su naciente industria frente a la británica.

Los primeros que comenzaron a tener en cuenta estas ideas y ponerlas en práctica fueron los prusianos. Ya en 1818 unificaron su política arancelaria para todos los territorios que consiguieron en el Congreso de Viena. Recordemos que tenían posesiones en el este y en el oeste, separadas por otros Estados. En la década de los veinte intentaron convencer al resto de Estados alemanes para unificar criterios económicos, pero no tuvieron éxito. A finales de dicha década la situación económica alemana era compleja. La Confederación Germánica contaba con tres grandes áreas arancelarias, sin contar la situación especial de Austria. El área más importante era la que tenía como núcleo central a Prusia. En su interior estaban sus territorios orientales, con un claro predominio de las explotaciones agrícolas latifundistas controladas por la nobleza de los *junkers*. Pero, por otro lado, sus territorios occidentales se habían diversificado mucho. La estructura agraria no era latifundista y, sobre todo, comenzaba el despegue industrial, además de contar con una mentalidad más moderna, más burguesa, por su vecindad con Francia.

Los Estados del sur alemán estaban en la órbita del reino bávaro con su propia unión aduanera y económica. Los Estados del noroeste y centro de Alemania no llegaron a conseguir formar una unión aduanera y económica plena. Por fin, había otros Estados alemanes pequeños que no estaban integrados en ninguna unidad o estaban vinculados a otras áreas económicas.

A principios de la década de los años treinta se habían tejido ya muchos compromisos y acuerdos entre las áreas económicas y este hecho facilitó que en enero de 1834 naciera oficialmente el Zollverein. La Unión Aduanera y Arancelaria incluía a veinticinco estados con un total de veintiséis millones de habitantes. Se decretó la libertad de comercio en su interior, al quedar abolidas las aduanas interiores. En todo caso, quedaron fuera Estados como Baden, Holstein o las ciudades libres de Bremen y Hamburgo. Este caso era importante porque el Zollverein no tenía salida al mar del Norte. Toda esta zona, incluyendo las ciudades hanseáticas, prefirió seguir vinculada comercialmente a Gran Bretaña.

El primer efecto positivo para la economía de los Estados alemanes pertenecientes al Zollverein se vio en sus arcas públicas porque el gasto de mantenimiento de las fronteras se redujo de forma considerable.

La unión arancelaria no se vio acompañada por la adopción de una política económica común. Los Estados siguieron políticas económicas autónomas. No se consiguió tampoco una plena unificación monetaria. A lo sumo se estableció una paridad entre el tálero prusiano y una moneda creada para el Zollverein, el florín. Solamente la Unificación posterior conseguiría con el tiempo el establecimiento de una moneda común, el marco.

El principal beneficio económico del Zollverein fue que creó un mercado de grandes dimensiones por el número de habitantes. Ese hecho facilitó la inversión en la actividad industrial y la creación de una extensa red ferroviaria, como base de la futura potencia económica alemana. Fuera de todos estos procesos económicos se quedó Austria, que siempre tuvo lazos económicos muy fuertes no sólo con el resto de Estados alemanes sino, sobre todo, con sus posesiones territoriales orientales y en la zona balcánica. Austria contratacó con la Unidad Tributaria, pero nunca pudo ser una competencia seria al Zollverein. Los austriacos siempre miraron con mucho recelo y se enfrentaron a cualquier iniciativa que tuviera a los prusianos como protagonistas Que Austria se quedara fuera del Zollverein facilitó que, al final, prosperase el proyecto unificador político dirigido por Prusia.

La Guerra Carlista

En España no hubo Revolución ni insurrecciones en torno a 1830, pero sí un intenso enfrentamiento interno, la Guerra Carlista que, en cierta medida, y con otros componentes, ejemplifica el enfrentamiento entre el liberalismo y la defensa del Antiguo Régimen.

El carlismo fue un movimiento político y social cuyos orígenes se sitúan en la época del Trienio Liberal con la Regencia de Urgell y la Guerra de los *malcontents* en Cataluña, pero su desarrollo se produjo tras la crisis sucesoria de 1832, y la muerte del rey Fernando VII al año siguiente.

El carlismo, como opción dinástica, defendía las pretensiones al trono de Carlos María Isidro, hermano de Fernando VII, frente a la línea sucesoria femenina representada por Isabel II. El rey, después de los sucesos de La Granja, terminó por publicar la Pragmática Sanción de 1789 que derogaba la Ley Sálica.

Pero el carlismo era algo más que la defensa de una determinada solución dinástica, ya que pretendía el mantenimiento de las estructuras absolutistas y del Antiguo Régimen, en oposición a la Revolución liberal, iniciada en Cádiz y con el Trienio Liberal. Por otro lado, el carlismo suponía una cierta idealización del mundo rural frente al urbano e industrial, difundiéndose mejor en el primero que en el segundo. Por fin, el carlismo planteaba la defensa de las instituciones y fueros tradicionales vascos, navarros y catalanes frente a las pretensiones liberales de uniformidad política y jurídica de España, aunque hoy la historiografía relativiza, en cierta medida, la vinculación automática entre carlismo y foralismo.

El carlismo contó con una base social heterogénea. En primer lugar, destacó el apoyo de una parte del clero, que percibía el liberalismo como enemigo de la religión. Después estaría la pequeña y mediana nobleza, especialmente, del norte de España y, por fin, parte del campesinado que veía amenazada su situación económica por las reformas liberales encaminadas hacia el fortalecimiento de la mediana y gran propiedad, y el fin de las tierras comunales. En cuanto al ámbito geográfico, el carlismo arraigó, fundamentalmente, en las zonas rurales de las tres provincias vascas, de Navarra, parte de Aragón, en la Cataluña interior y en el Maestrazgo.

El carlismo desencadenó tres conflictos armados, y que representan hechos fundamentales en la Historia contemporánea española. La primera guerra carlista tuvo lugar entre 1833 y 1840, y fue la más violenta de todas ellas, con devastadores episodios de crueldad en las retaguardias. Los primeros brotes armados estallaron al día siguiente de la proclamación de Isabel como reina de España, terminando el mes de septiembre de 1833. Hubo levantamientos de partidas rurales organizadas por Zumalacárregui. En noviembre ya había guerra abierta en el País Vasco y el norte de Cataluña. A estas zonas se sumaron grupos de guerrilleros en Aragón, el Maestrazgo, Galicia, Asturias y La Mancha. Esta fase de la guerra, de fuerte iniciativa carlista, finalizó con la muerte de Zumalacárregui en el asedio de Bilbao en el mes de julio de 1835.

La segunda etapa de la guerra discurrió entre julio de 1835 y octubre de 1837. Destacaron las expediciones del general Cabrera, pero la acción más espectacular de esta fase fue la Expedición Real, encabezada por Carlos María Isidro. Su objetivo era imponer un pacto a la regente María Cristiana en un momento de debilidad ante la sublevación de La Granja. Las tropas carlistas llegaron a las puertas de Madrid en septiembre de 1837, pero Espartero obligó a los carlistas a retirarse.

De octubre de 1837 a agosto de 1839 tuvo lugar la tercera etapa de la guerra. En el seno del carlismo surgió una división entre los más conservadores (apostólicos), destacando entre ellos el obispo de León, y los más moderados, con el general Maroto como principal líder, partidarios de negociar y llegar a un acuerdo honroso. Esta fue la postura que terminó por triunfar, lo que permitió firmar el *Convenio de Vergara* el 29 de agosto de 1839, entre los generales Espartero y Maroto. En él se prometía el mantenimiento de los fueros vascos y el reconocimiento de los oficiales del ejército carlista. Para un importante sector fue considerado una traición. El rechazo de este acuerdo por el sector apostólico prolongó la guerra en Cataluña y Aragón hasta la derrota definitiva de Cabrera en Morella, en junio de 1840.

El conflicto carlista tuvo importantes repercusiones, comenzando por su alto coste en vidas humanas. Por otro lado, supuso la definitiva inclinación de la Corona hacia el liberalismo. El agrupamiento de los absolutistas en torno a la causa carlista convirtió a los liberales en el único apoyo al trono de Isabel II.

La guerra reforzó el protagonismo de los militares en la política española como elementos fundamentales para la defensa del sistema liberal. Los generales se situaron al frente de los partidos, y se erigieron en árbitros de la política, utilizando, además, el recurso del pronunciamiento. La guerra supuso enormes gastos, que pusieron a España en serios apuros fiscales. Estas dificultades condicionaron la orientación de ciertas políticas, como la desamortización de Mendizábal, ya que terminaron por primar las necesidades financieras del Estado sobre cualesquiera otras, como podía ser una reforma agraria, por ejemplo.

En relación con la cuestión foral, conviene señalar que en el año 1834 Canga Argüelles había establecido que las provincias vascas y Navarra serían consideradas como "provincias exentas", llamadas así por las peculiaridades de su sistema fiscal. El *Convenio de Vergara* respetó, en principio, los fueros y este especial sistema fiscal, pero para terminar con ciertas ambigüedades, en 1841 se aprobó la Ley Paccionada, que establecía que las Diputaciones Forales asumirían las funciones de las Diputaciones Provinciales. Pero la tensión con el acusado centralismo del Estado liberal no se despejó.

Las Revoluciones de 1848

Las Revoluciones de 1848 fueron la últimas de las tres grandes oleadas revolucionarias del siglo XIX. Compartían con las anteriores su inspiración en los principios de la Revolución francesa, pero fueron más importante en extensión y dimensiones, más radicales, con mayor contestación social, y con fuertes componentes nacionalistas en algunos lugares.

Las Revoluciones en torno a 1848 tuvieron un gran éxito inicial y simultáneo en Francia, gran parte de Italia, Suiza, los Estados alemanes, el Imperio austriaco y Prusia. Nunca ninguna Revolución estuvo más cerca de ser considerada una Revolución mundial, la "primavera de los pueblos". Pero, también, su fracaso fue muy rápido en gran parte de los lugares.

Las Revoluciones de 1848 pueden ser calificadas de democráticas y tuvieron, como hemos señalado, un fuerte contenido social. En los años anteriores a 1848, Europa sufrió una fuerte crisis agraria e industrial, que generó hambre y descontento entre los trabajadores. En el 48, las grandes ciudades europeas como París, Berlín, Viena, Praga, Milán, Roma o Budapest se llenaron de barricadas levantadas por trabajadores urbanos pobres, los grandes protagonistas de las Revoluciones, que reclamaban derechos y libertades radicales: sufragio universal masculino, repúblicas democráticas y sociales, asistencia a los más necesitados y desempleados, derecho al trabajo y a la libre sindicación. Estas reivindicaciones atemorizaron a los liberales moderados que, muy pronto, abandonaron las Revoluciones, y contribuyeron a la represión pactando con los sectores más conservadores de la sociedad. Por otro lado, los movimientos de 1848 fueron más urbanas que rurales; los campesinos se mantuvieron indiferentes y hasta hostiles.

La Revolución en Francia

Aunque, aparentemente, parecía que París vivía en calma, como se puede apreciar por el discurso de enero de Alexis de Tocqueville, la situación era, realmente explosiva, como lo atestigua la fuerza de los republicanos. Efectivamente, para el 22 de febrero habían convocado un banquete, como preámbulo de una manifestación, pero Guizot lo prohibió. En todo caso, al día siguiente se produjo la manifestación y la Guardia Nacional, en principio, se negó a reprimir a los manifestantes, aunque sí hubo tiros en el Bulevard de los Capuchinos por la tarde, provocándose que se levantaran barricadas en distintos puntos de la capital francesa. El cambio político se precipitó.

El Gobierno provisional que nació después de las Jornadas de febrero —22, 23 y 24— y que desembocaron en la abdicación de Luis Felipe de Orleans estaba compuesto por miembros de tres grandes tendencias políticas: los liberales y republicanos moderados, representados por Lamartine y Arago, los demócratas y republicanos radicales, con Ledru-Rollin y, por fin, los socialistas, con Albert y, sobre todo, Louis Blanc, uno de los socialistas premarxistas más importantes. Este Gobierno elaboró un programa político y social casi inaudito en la historia, y que reforzaría el carácter social de la Revolución de 1848. En el plano político se proclamó la República y se aprobó el sufragio universal, así como el reconocimiento de libertades fundamentales como las de prensa y reunión, también se abolió la pena de muerte y la esclavitud en las colonias. En el plano social, todavía más novedoso, se estableció una mayor intervención del Estado que la que pensaron los jacobinos en su momento, ya que se proclamó el derecho al trabajo, la libertad de huelga, la limitación de la jornada laboral a diez horas, y la creación de los talleres nacionales para combatir el paro. Por vez primera se creaba un organismo, el Consejo de los Trabajadores, para discutir los problemas derivados del trabajo.

Pero para muchos clubes políticos y periódicos de la izquierda, así como para los sectores obreros parisinos el programa del Gobierno se quedaba corto, por lo que presionaron con fuerza en la primavera a través de manifestaciones y mítines en los propios Talleres nacionales.

En las elecciones de abril a la Asamblea Constituyente ganaron los republicanos liberales. Las razones que explican el triunfo de los sectores más moderados de la Revolución de Febrero tienen que ver con la movilización electoral de una burguesía temerosa de la efervescencia revolucionaria parisina y con el peso electoral conservador del mundo rural francés.

Lamartine inició el giro conservador de la República. Pretendía aligerar la presión social en París a través de un programa de construcciones ferroviarias que diera trabajo a los parados y sacara de la capital a muchos trabajadores. Pero lo que más le inquietaba eran los Talleres nacionales por dos razones: por su coste económico y porque eran centros de propaganda política radical. Esta política moderada fue contestada por los obreros con las Jornadas de Junio en París, una insurrección sofocada y duramente reprimida gracias a la actuación enérgica del ministro de la Guerra, el general Cavaignac. Los detenidos ascendieron a más de once mil personas, con miles de deportados, heridos y muertos.

Estos hechos de junio aceleraron el giro político y social hacia la derecha, con un gobierno de Cavaignac que ejerció el poder de forma dictatorial hasta el mes de diciembre, y con una Constitución autoritaria que otorgaba fuertes poderes al ejecutivo y limitaba o suprimía derechos, como el del trabajo, una conquista de la Revolución. También se suspendieron definitivamente los talleres nacionales y el programa de construcciones ferroviarias como represalia. Por fin, se impuso el control de la prensa y de los clubes políticos de la izquierda.

En las nuevas elecciones legislativas ganaron los sectores políticos más conservadores. En las elecciones para presidente de la República triunfó el candidato Luis Bonaparte, sobrino de Napoleón. La República estaba virando de forma ostensible hacia el conservadurismo. En mayo de 1850 se suprimió el sufragio universal y se acentuó el control gubernamental sobre las universidades, los clubs políticos y la prensa. Cuando el presidente deseó revisar la Constitución la Asamblea se negó, provocando un giro en Bonaparte, algo que sería habitual en su forma de proceder en política. Prometió que restauraría el sufragio universal y avisó que podía recurrir al ejército. Se trataba, sin lugar a dudas, de un verdadero pulso político. Disolvió la Asamblea y restableció el sufragio. Además, se detuvo a los parlamentarios reticentes y se cargó en la calle contra la resistencia popular.

Se estaba caminando hacia otro régimen político. Las esperanzas sociales, nacidas del 48, se frustraron. La burguesía tenía miedo a las demandas populares y a una posible revolución social, por lo que se hizo conservadora, promoviendo la conversión de la República en una Monarquía autoritaria en la persona de Bonaparte. Efectivamente, Luis Napoleón dio un golpe de estado el 2 de diciembre de 1851 para ser reelegido presidente de la República, y justo un año después, el 2 de diciembre de 1852, aniversario de la victoria de Austerlitz, se proclamó emperador.

Las Revoluciones en Italia

El 48 tuvo en Italia una especial importancia, dada su situación efervescente en lo político, dividida en múltiples Estados, con la presencia austriaca, garante, a su vez, del orden ya moribundo de la Restauración, y con el papa Pío IX, en principio con ideas liberales desde que comenzó su pontificado, pero que terminaría derivando hacia un claro conservadurismo, precisamente a partir de los hechos revolucionarios que crearon la República en Roma. Muchos Estados italianos adoptaron Constituciones liberales, mientras la Lombardía y el Véneto se sublevaban contra el poder austriaco. El reino de Cerdeña apoyó esta causa antiaustriaca, ocasionando una guerra, que involucró al Gran Ducado de Toscana, y al Reino de las dos Sicilias, en el sur.

Esta situación intensa afectó de forma evidente a los Estados Pontificios. En Roma la figura clave del gobierno era Pellegrino Rossi, un personaje a caballo entre la Francia de la Monarquía de Luis Felipe y la Roma de Pío IX, interesado vivamente por la teoría económica en cuestiones sobre la población, la renta de la tierra y la defensa del librecambismo. El gobierno francés había enviado al toscano a Roma para tratar sobre la cuestión de los jesuitas y se le hizo embajador ante el papa. Pero la Revolución de 1848 que terminó con Luis Felipe para proclamar la Segunda República en Francia hizo que se quedara en la Ciudad eterna. El pontífice le nombró ministro de Justicia. Pellegrino quería implantar reformas liberales en los Estados Pontificios para modernizar su administración y gobierno, aunque no le dio tiempo a ponerlas en práctica, además de promover la causa nacional italiana con acuerdos con el Piamonte y Nápoles. Pero fue asesinado por un joven de una sociedad secreta. Este hecho precipitó los acontecimientos. El papa huyó a Gaeta, buscando la protección del rey Fernando II de las Dos Sicilias, y solicitó el socorro de los Estados católicos europeos.

La República romana fue proclamada el 9 de febrero de 1849, siendo gobernada por un triunvirato formado por Carlo Armellini, Aurelio Saffi y Giuseppe Manzini, el personaje más destacado y conocido. Armellini era un abogado romano que comenzó siendo un liberal moderado, pero que se radicalizó tras la huida del papa. Fue uno de los redactores de la Constitución de la nueva República. Saffi, por su parte, era un activo republicano en la órbita de Mazzini.

Uno de los aspectos más interesantes de este régimen político fue su dimensión social, en línea con el mayor protagonismo que estas cuestiones adquirieron en los procesos revolucionarios del 48. La República romana no se puede comparar con la posterior Comuna de París, ya que no estaríamos hablando de una experiencia obrera de gobierno, pero no debe olvidarse la importancia de las reformas sociales que se intentaron implantar a favor del pueblo y de los campesinos romanos.

Mazzini era consciente de las grandes dificultades para sacar adelante el nuevo Estado por las diferencias internas del movimiento y por los importantes enemigos exteriores, pero demostró grandeza de miras, lucidez y gran tolerancia. Se negó a amordazar a la prensa y a apresar a los contrincantes políticos. Mazzini encabezaba un proyecto revolucionario nacionalista democrático, pero también social. Mazzini no creía en la lucha de clases, sino en la lucha política del pueblo italiano para la construcción de Italia, de ahí que intentara organizar a los obreros en la "Joven Italia" para el objetivo que pretendía. La lucha de clases llevaría a la guerra civil. Por otro lado, este encuadramiento en la causa nacional evitaría que los obreros abrazaran la causa socialista. La lucha debía dirigirse, pues, contra los enemigos de Italia: el absolutismo borbónico en el sur, el dominio papal en el centro y la presencia austriaca en el norte. Eso no era obstáculo para que se construyese una Italia en la que se alcanzase la justicia social, pero siguiendo más los métodos de los utópicos, es decir, a través de la persuasión. Tampoco era nada radical en relación con la propiedad privada porque no creía que debía ser abolida, ni tocado el derecho de herencia. Eso sí, era partidario de las cooperativas de producción y consumo.

Si esta es la síntesis de su pensamiento social, las realizaciones prácticas de Mazzini se encaminaron a mejorar la vida de las clases populares romanas y del campo, los antiguos súbditos del papa. En primer lugar, se suprimió el impuesto sobre los granos que encarecía el precio del pan. Otros impuestos sobre productos básicos fueron disminuidos. Se posibilitó el acceso a la justica de los más menesterosos al bajar las tasas judiciales que se cobraban. La asamblea revolucionaria se incautó de casas y tierras de la Iglesia. Las propiedades rurales fueron repartidas a favor de los campesinos más pobres en una suerte de reforma agraria. En la ciudad se atacó el problema del paro estableciendo un programa de obras públicas. En las fábricas de armas se empleó a otro sector de los obreros en paro. Los que trabajaban para el nuevo Estado vieron una clara subida salarial. Todas estas medidas procuraron una elevación del nivel de vida de las clases populares.

Pero un régimen democrático y social como el que representaba la República romana no podía durar mucho, tanto por la presión interna de la burguesía, como de la exterior del papa, desposeído de su poder, y de las potencias europeas.

La República romana cayó por la presión de las potencias europeas. La Asamblea Nacional Francesa, con el apoyo del presidente, Luis Napoleón, votó el envío de tropas. También presionaron los austriacos, los Borbones de Nápoles y el Gobierno moderado español. Austria había vencido a los sardos y decidió invadir la República romana. Después de un mes de enfrentamientos el régimen republicano desapareció, y Francia pudo restaurar los poderes del pontífice Pío IX. El papa decidió imponer una política harto conservadora en sus Estados.

Las Revoluciones en Austria y Alemania

A Viena llegaron los ecos de la Revolución en Francia en el mes de marzo de 1848, provocando, nada más y nada menos que la caída de Metternich, el gran hacedor de la época de la Restauración, todo un símbolo, por lo tanto. El emperador Fernando prometió una Constitución.

Por su parte, en otras partes del Imperio se estaba produciendo movimientos también. Así, en Hungría se pidió la creación de una Asamblea, y los checos querían, en una clara pulsión nacionalista la restauración del viejo reino de Bohemia. Desde Viena se vieron con verdadera preocupación los movimientos de estas partes del Imperio, especialmente en Hungría, por lo que el emperador decidió que había que enviar un ejército, pero provocó la ira popular en la capital, y el ministro de la Guerra fue asesinado. La Corte se retiró de la capital, temerosa de la revuelta.

Pero, a pesar del peligro, el poder imperial no está debilitado, ya que las fuerzas imperiales bombardean Viena para ocuparla. El emperador Fernando abdica en Francisco José, y se disuelve la Asamblea Constituyente. Después les tocará a los checos, con un consiguiente bombardeo sobre Praga, mientras que, las tropas imperiales austriacos se dirigen a Italia para intervenir, como hemos visto.

La Revolución de 1848 tuvo una doble vertiente en Alemania. Por un lado, se dieron Revoluciones en muchos de los Estados alemanes cuestionando el orden político existente en los mismos, pero, por otro lado, se planteó una vía liberal hacia la unificación en el Parlamento de Frankfurt. Al final, tanto las Revoluciones particulares como este intento de plantear una Alemania unida bajo un signo relativamente progresista, fracasaron.

En la zona occidental las Revoluciones llegaron con fuerza por dos razones. En primer lugar, porque los Estados de esta zona estaban más desarrollados económicamente y, en segundo lugar, por su proximidad con Francia, el gran foco revolucionario. La situación fue algo distinta en el área sur y oriental, es decir, en Prusia, Sajonia y Baviera, donde el poder monárquico era muy fuerte y, por lo tanto, se hizo más complicado el desarrollo revolucionario, aunque terminaría por producirse. En Prusia los enfrentamientos entre los estudiantes y obreros contra el ejército provocaron que el rey Federico Guillermo IV tuviera que ceder y ofrecer la responsabilidad de gobierno a los liberales, así como, aceptar la convocatoria de unas elecciones para la creación de una Asamblea Constituyente. Este hecho tuvo una honda repercusión en el resto de Estados alemanes porque Prusia era el principal reino, generando esperanzas al nacionalismo liberal.

En distintos lugares de Alemania se produjeron revueltas campesinas, generadas por la crisis económica, junto con fuertes revueltas urbanas que elevaron el tono de la protesta por su contenido político al reclamar el establecimiento de verdaderos regímenes liberales con constituciones, libertades y derechos, etc.

En Frankfurt se reunió el Parlamento Alemán Constituyente, que duró entre mayo de 1848 y marzo de 1849, y que presidió Henrich Von Gagern. El objetivo de esta asamblea era la aprobación de una constitución alemana y el nombramiento de un gobierno común. Pero en el Parlamento estallará la diversidad de proyectos por su heterogénea composición. Allí se sentaban liberales que pretendían el establecimiento de Monarquías constitucionales, junto con demócratas que tienden a la solución republicana y, por fin, casi socialistas por la defensa no sólo de las libertades sino, sobre todo, de la adopción de políticas sociales. Lo que unía a casi todos era su acusado nacionalismo alemán, que llegó a pedir la integración de muchos pueblos en Alemania, como Alsacia y Lorena, y hasta Bohemia, el Tirol y Holanda. Pero había desacuerdos a la hora de delimitar qué era Alemania, es decir los límites de la nación alemana. Por un lado, estaba la idea de la Gran Alemania, con Viena como eje vertebrador y, por otro, la Pequeña Alemania con Berlín como centro. A esta Asamblea asistió un joven Bismarck, donde constató su aversión al parlamentarismo y la debilidad de Austria y otros Estados, reafirmándose en la idea de la potencia de Prusia.

Al final se aprobó una Constitución en 1849, que estableció el Imperio hereditario con un Parlamento o Reichstag con dos cámaras. La corona fue ofrecida al rey prusiano. Pero los grandes Estados alemanes, es decir, Prusia, Austria, Baviera y Hannover rechazaron la Constitución porque no estaban dispuestos a ceder soberanía.

La reacción contrarrevolucionaria no se hizo esperar, capitaneada por Prusia. En su interior se estableció una Constitución que impuso un régimen moderado de sufragio muy censitario, y muy restrictivo en lo referente a las libertades y derechos. Era el triunfo de la versión del liberalismo más conservador en alianza con el viejo orden. El poder consiguió frenar la evidente fuerza de los sectores políticos más demócratas, republicanos y del creciente movimiento obrero, al disolver la Asamblea Nacional Prusiana que había reclamado profundos cambios políticos y hasta sociales.

Pero, además, Prusia no estaba dispuesta a que triunfasen Revoluciones en el resto de Alemania ni a que prosperase la versión liberal de una Alemania unificada. Se rechazó la corona imperial y se forzó la disolución del Parlamento de Frankfurt. Alemania regresó a la fórmula tradicional de la Confederación Germánica. El ejército prusiano terminó por intervenir en distintos Estados alemanes para sofocar las Revoluciones.

El caso español

En realidad, en España no hubo Revolución alguna. Narváez se empeñó en prevenir cualquier contestación, aunque hubo algunas tensiones en la primavera de 1848 en distintas ciudades.

Lo que sí es importante tiene que ver con el surgimiento de una nueva formación política que pretendía ser instrumento de las ideas democráticas.

De los vientos más radicales de Europa y de la constatación de que no se profundizaba en las libertades dentro del Partido Progresista, un sector del mismo comenzó a movilizarse. En el año 1847 José María Orense publicaba un folleto titulado *¿Qué hará en el poder el Partido Progresista?*, que supuso un avance en relación con el programa clásico del progresismo porque recogía aspiraciones democráticas como la abolición de las quintas, profundamente cuestionadas por el pueblo, además de las libertades completas de imprenta y de asociación, así como el reconocimiento del sufragio universal. En diciembre de ese mismo año Rafael María Baralt fundaba *El Siglo. Periódico Progresista Constitucional.* En su primer número se planteaba una clara apuesta por la democracia. En el grupo de los demócratas se estaban destacando también José Ordax Avecilla y Nicolás María Rivero.

Pero el futuro Partido Demócrata no sólo estaría compuesto por el ala izquierda del progresismo, sino que también conectaba con elementos republicanos y del primer socialismo. Estas distintas sensibilidades son importantes para entender a la nueva formación política porque terminarían por generar, con el tiempo, tensiones al poner cada una de ellas el acento en sus prioridades, como los aspectos relativos a las fórmulas de gobierno o la necesidad de plantear cambios socioeconómicos profundos con participación activa del Estado. La defensa de la democracia se configuró como un espacio donde podían confluir todos, al menos durante un tiempo, porque luego un conjunto de circunstancias provocaría, sin lugar a dudas, tensiones y enfrentamientos.

Todo el movimiento que hemos señalado provocó un debate en el seno del Partido Progresista. Los líderes del Partido, como Manuel Cortina, Juan Álvarez Mendizábal y Salustiano Olózaga, entraron en polémica con Orense, Ordax y Rivero. Todos estaban de acuerdo en su profunda crítica hacia la Constitución de 1845, el pilar del régimen político vigente, y elaborada exclusivamente por los moderados, pero la controversia se generaba en relación con el reconocimiento o no del sufragio universal. Los primeros consideraban que era muy temprano para plantear esa batalla porque el pueblo español no parecía estar preparado para asumir tal responsabilidad hasta que no se extendiese la educación ("instrucción") y aumentase el nivel de vida. Este punto de fricción fue clave para la ruptura y el surgimiento del nuevo Partido.

El estallido de la Revolución en Francia, que derribó la Monarquía de Luis Felipe, estableciendo la Segunda República, convenció a los demócratas no sólo de la importancia del sufragio universal, sino de la necesidad de plantear el debate entre Monarquía y República, aunque, por el momento no se formularía en la práctica. Pero los progresistas, fieles a su programa, vieron con intensa preocupación la violencia de la Revolución del 48 en el país vecino, tanto en febrero como, sobre todo durante los sucesos de junio. En este sentido, nos parece significativo que Cortina manifestara que el progresismo era leal a la Monarquía y al orden público. El entendimiento era imposible, por lo que los primeros decidieron romper con el Partido y dar un paso más para crear uno nuevo, a través del *Manifiesto del Partido Progresista Demócrata,* que se publicó en el mes de abril de 1849, redactado por la "fracción democrática del Congreso": José Ordax, Nicolás M. Rivero, Aniceto Puig y Manuel M. Aguilar.

El *Manifiesto* planteaba el reconocimiento y garantía por parte del Estado de los derechos siguientes: la seguridad individual, la libertad de expresión, la libertad de reunión y asociación, y el derecho de petición individual y colectiva. Pero, además, se planteaba el derecho a la instrucción primaria gratuita. Por otro lado, los demócratas defendían el derecho a la igual participación de todos los derechos políticos, pero también la equidad y proporcionalidad en el repartimiento de las contribuciones, así como en el cumplimiento del servicio militar. En esa misma línea estaba su defensa de la igualdad para optar a los empleos o cargos públicos sin más condición que el mérito y la capacidad, quedando excluida cualquier preferencia de nacimiento o privilegio. Por fin, defendían el juicio por Jurado, una de las señas de identidad del liberalismo más avanzado.

Por otro lado, no se planteaba la fórmula republicana, aceptándose "el trono hereditario". No se cuestionaban ni la familia ni la propiedad.

Partiendo de esos principios, los demócratas querían construir un régimen político a través de la elaboración de un nuevo texto constitucional en Cortes Constituyentes, elegidas por sufragio universal masculino y directo. Otro avance tenía que ver con la retribución de los diputados, algo que el liberalismo más clásico no contemplaba, ya que solamente podían ser elegidos los ciudadanos con cierto nivel de renta. Muchas de estas conquistas tardarían mucho en llegar a España.

Los demócratas perseguían un modelo legislativo unicameral, sin Senado, que sería representación de la unidad nacional y de la unidad política de todas las clases del Estado, es decir, sin ningún tipo de representación corporativa o vinculada a nombramiento real. Por fin, el poder ejecutivo tendría limitadas sus atribuciones en relación con la convocatoria, suspensión y disolución de las Cortes, y sobre la sanción de las leyes, algo inaudito. Los demócratas eran partidarios de la Milicia Nacional, el cuerpo creado por el liberalismo para la defensa del orden constitucional, y que siempre fue criticado por los moderados.

El Romanticismo

El romanticismo fue el movimiento o tendencia cultural predominante en la Europa de la primera mitad del siglo XIX, en la época de la Restauración y las Revoluciones. El movimiento tendría sus raíces en la cultura de fines del siglo anterior, especialmente en el ámbito alemán.

El romanticismo abarcó el arte, la literatura, la música y la política, especialmente en las ideas del nacionalismo, aunque también, en cierta medida del liberalismo. Por esta influencia en tantos ámbitos se trata de una de las transformaciones más importantes de la cultura europea. Podemos afirmar que es el primer movimiento cultural de la contemporaneidad.

Las características del romanticismo son diversas y hasta contradictorias entre sí. Más que una teoría o un cuerpo de pensamiento estructurado fue la expresión de sentimientos y emociones. Son considerados románticos aquellos escritores, músicos, artistas o historiadores que defendieron planteamientos, políticas o posiciones sociales muy diferentes, desde posturas conservadoras y tradicionalistas propias de la Restauración, hasta el liberalismo más progresista y el socialismo utópico, sin olvidar el pujante nacionalismo. De todas las maneras, a partir de 1830 el romanticismo adquirió una posición más conservadora, en general.

El romanticismo planteaba el rechazo a la ortodoxia de la razón y al clasicismo de la época ilustrada anterior. Proponía el instinto frente a la Razón, las situaciones límites frente al equilibrio y la armonía, y la recuperación de la unión del hombre con la naturaleza frente al creciente impulso industrializador. Fue un movimiento cultural de defensa de actitudes extremas en las que la diversidad o la particularidad eran apreciadas frente a los intentos de unidad, más propios de la Ilustración.

El romanticismo defendió la pasión creadora en música, poesía, teatro, novela e historia, principalmente.

Los románticos establecieron una serie de valores. En primer lugar, revalorizaron la época medieval en lo artístico y religioso. También, defendieron la vuelta a la naturaleza, que se plasmó en el descubrimiento del paisaje, la valoración de las ruinas, y por la pasión por los viajes hacia el sur europeo: la Italia del arte o una España exótica, particularmente su parte de origen árabe en Andalucía.

En música destacaron: Chopin, Schumann, Schubert y Brahms. En pintura podemos citar a Turner, Friederich, Géricault y Delacroix. Por fin, en literatura tendríamos a Goethe, Lord Byron, Chateaubriand y Víctor Hugo.

El romanticismo terminó por vinculase claramente con las ideas del nacionalismo. El romanticismo convirtió en protagonistas de la historia a pueblos y naciones. El romanticismo se vinculó de forma más evidente con el nacionalismo orgánico o conservador de influencia alemana, más que hacia el nacionalismo voluntarista progresista, pero hubo sus excepciones. En este sentido, los pueblos y naciones se identificaban por lo que habían creado en la Historia no por la voluntad de ser una nación.

El romanticismo abogó por la recuperación de las culturas nacionales, de sus lenguas y de sus literaturas. Se ensalzaron los cancioneros populares, los romanceros, los cantares de gesta y todo tipo de literatura popular, considerada para algunos como la auténtica literatura nacional.

Conclusiones

Las Revoluciones habían fracasado a la altura de 1849, porque los anhelos democráticos y sociales de las masas, especialmente al final del largo ciclo revolucionario, fueron vencidas. Se han apuntado varios factores para explicar este fracaso.

En primer lugar, la economía mejoró y eso frenaría la contestación social, sin olvidar que el campesinado, como hemos apuntado en su momento, no parecía estar por la labor revolucionaria. En todo caso, parte de los campesinos del centro-este europeo habían conseguido el fin de la servidumbre y eso había colmado sus ansias reivindicativas. Los siervos rusos tendrían que esperar todavía un tiempo para que se proclamase el famoso Ucase de 1861.

Pero, no cabe duda de que el factor más evidente a la hora de explicar el freno revolucionario estaría en la burguesía. Una vez conseguido el poder, derribado el absolutismo y el Antiguo Régimen, estableciendo Estados liberales con Monarquías constitucionales, bicameralismo, reconocimiento y limitación, a la vez, de derechos, y una representación política controlada a través del sufragio censitario, se buscó la alianza con la aristocracia para frenar a la nueva y creciente clase obrera, así como a las veleidades radicales del republicanismo.

Por otro lado, el Estado-nación, nacido al calor de la Revolución francesa, terminaría cuajando en gran parte de Europa, a la espera de que se incorporasen Italia y Alemania. Así pues, a partir de 1848-1849 la Europa occidental y, en menor medida, la central, ya no serían las de 1815, pero tampoco las que habían deseado demócratas, republicanos y los primeros socialistas, sino la de los liberales moderados.

Bibliografía

Hemos optado por las ediciones originales en castellano de las obras que incluimos en esta bibliografía, pero existen ediciones, de casi todas ellas, más actuales. Son obras, en todo caso, imprescindibles:

GRENVILLE, J., *La Europa remodelada,* Madrid, 1979.

HAROLD NICHOLSON, *El Congreso de Viena,* Madrid. 1985.

BERGERON, L., *La época de las Revoluciones europeas,* Madrid, 1979.

GRIMBERG, C., *Revoluciones y luchas nacionales,* Barcelona, 1983.

HOBSBAWM, E., *Las Revoluciones burguesas,* Madrid, 1982.

CLAUDÍN, F., *Marx, Engels y la revolución de 1848,* Madrid, 1975.

Nuestras colecciones

Guías para todos aquellos que deseen ampliar sus conocimientos sobre asuntos específicos, grandes personajes, épocas, culturas, religiones, etc., ofreciendo al lector una amplia y rica visión de cada una de las temáticas, accesibles a todos los lectores.

Guías para gestionar con éxito un negocio, vender un producto, servicio o causa o emprender. Pautas para dirigir un equipo de trabajo, crear una campaña de *marketing* o ejercer un estilo adecuado de liderazgo, etc.

Guías para optimizar la tecnología, aprender a escribir un blog de calidad, sacarle el máximo partido a tu móvil. Orientaciones para un buen posicionamiento SEO, para cautivar desde Facebook, Twitter, Instagram, etc.

Guías para crecer. Cómo crear un blog de calidad, conseguir un ascenso o desarrollar tus habilidades de comunicación. Herramientas para mantenerte motivado, enseñarte a decir NO o descubrirte las claves del éxito, etc.

Guías prácticas dirigidas a la salud y el bienestar. Cómo gestionar mejor tu tiempo, aprenderás a desconectar o adelgazar comiendo en la oficina. Estrategias para mantenerte joven, ofrecer tu mejor imagen y preservar tu salud física y mental, etc.

Guías prácticas para la vida doméstica. Consejos para evitar el *cyberbulling*, crear un huerto urbano o gestionar tus emociones. Orientaciones para decorar reciclando, cocinar para eventos o mantener entretenido a tu hijo, etc.

Guías prácticas dirigidas a todas aquellas actividades que no son trabajo ni tareas domésticas esenciales. Juegos, viajes, en definitiva, hobbies que nos hacen disfrutar de nuestro tiempo libre.

Guías para aprender o perfeccionar nuestra técnica en deportes o actividades fisicas escritas por los mejores profesionales de la forma más instructiva y sencilla posible.

Participa en el **Club GuíaBurros** para estar informado de las últimas novedades editoriales y disfrutar de las ventajas, promociones y condiciones especiales de los socios de nuestro club.

Puedes encontrar toda la información en:

www.guiaburros.es
www.editatum.com

Puedes seguirnos también en Youtube y en nuestras redes sociales:

facebook.com/guiaburros

www.youtube.com/c/GuíaBurros

@ guia_burros

@guiaburros

Autores para la formación

Editatum y GuíaBurros te acercan a tus autores favoritos para ofrecerte el servicio de formación GuíaBurros.

Charlas, conferencias y cursos muy prácticos para eventos y formaciones de tu organización.

Autores de referencia, con buena capacidad de comunicación, sentido del humor y destreza para sorprender al auditorio con prácticos análisis, consejos y enfoques que saben imprimir en cada una de sus ponencias.

Conferencias, charlas y cursos que representan un entretenido proceso de aprendizaje vinculado a las más variadas temáticas y disciplinas, destinadas a satisfacer cualquier inquietud por aprender.

Consulta nuestra amplia propuesta en: **www.editatumconferencias.com** y organiza eventos de interés para tus asistentes con los mejores profesionales de cada materia.

GuíaBurros: La España del siglo XVIII

https://www.esp-sigloxviii.guiaburros.es/

Libros para crecer

www.editatum.com

www.ingramcontent.com/pod-product-compliance
Lightning Source LLC
LaVergne TN
LVHW101945220826
846093LV00006B/112

* 9 7 8 8 4 1 2 4 5 3 5 1 5 *